法律职业道德实训

主　编 杨　磊
副主编 刘建明　胡敏飞

浙江工商大学出版社
ZHEJIANG GONGSHANG UNIVERSITY PRESS
·杭州·

图书在版编目(CIP)数据

法律职业道德实训 / 杨磊主编. —杭州：浙江工商大学出版社，2014.10(2023.7 重印)

ISBN 978-7-5178-0643-1

Ⅰ. ①法… Ⅱ. ①杨… Ⅲ. ①法律工作者—职业道德—中国 Ⅳ. ①D926.17

中国版本图书馆 CIP 数据核字(2014)第 221870 号

法律职业道德实训

FALÜ ZHIYE DAODE SHIXUN

杨 磊 主编

策划编辑 郑 建
责任编辑 徐 凌
责任校对 黄拉拉
封面设计 王好驰
责任印制 包建辉
出版发行 浙江工商大学出版社
(杭州市教工路 198 号 邮政编码 310012)
(E-mail：zjgsupress@163.com)
(网址：http://www.zjgsupress.com)
电话：0571-88904980，88831806(传真)
排 版 杭州朝曦图文设计有限公司
印 刷 杭州罗氏印刷有限公司
开 本 787mm×1092mm 1/16
印 张 8
字 数 161 千
版 印 次 2014 年 10 月第 1 版 2023 年 7 月第 4 次印刷
书 号 ISBN 978-7-5178-0643-1
定 价 29.00 元

法学专业实训课程系列教材

总主编 楼伯坤

总序
Prefore

法学乃应用之学科。中国的法学教育应该是学科教育还是职业教育，素有争论。我认为这种争论并没有太大意义。学科教育不是单纯的思辨教育，缺乏技术传授的教育其实也谈不上是教育；职业教育也不是单纯的技术教育，没有知识体系的技术教育只能算是经验传授。而高等教育的使命是让学生不仅要懂得一些知识，还要会将这些知识予以应用，并对社会产生积极影响。因此，作为一个完整的法律人才培养体制，法学教育既要注重通识教育，又要注重职业教育。处理好二者的关系，是法学教育健康发展的重要前提。长期以来，我国的法学教育既不重视通识教育，也不重视职业教育，而只偏重于专业知识的传授。教师采用演讲方式讲授系统的理论知识和成文法的具体规定，虽也穿插案例分析、模拟法庭等内容，但其目的是配合理论知识的讲解。貌似进行专业培养，实际上学生的知识面不够宽、法治理念不够牢固、法律素养不够高、实践应用能力不够强，导致学生毕业后适应法律职业所需要的时间比较长，与时代对法律专业人才的要求不相适应。这已成为中国法学教育的通病。

就职业教育而言，法学教育的目的就是要培养具有良好交往能力、自由思考能力、批判性思维能力以及健全的人格和人文关怀精神，融知识、能力与素质于一体的法律专门人才。因此，改变单一的知识传授和学术培养格局，更加注重学生知识面的拓展和法律实践应用能力的培养，是法学教育面临的迫切任务。这就需要根据法律职业的基本要求来调整人才培养计划、完善培养模式、改革培养方案、增加实践教学的环节和内容，突出对学生“实践、运用和操作”能力和技能的训练，以提高学生观察问题、分析问题和解决问题的能力。只有这样，才能使学生在毕业后迅速适应法院、检察院、律师事务所和其他法律实务部门法律职业工作的需要。

提高法科学生的实践应用能力，实践教学是重要途径，也是法学知识与法律实践相结合的主要环节。教育部早在1998年就下发了《普通高等学校本科专业目录和专业介绍》及相关文件，明确规定法学专业的实践性教学环节包括：见习、法律咨询、社会调查、专题辩论、模拟法庭、疑案辩论、实习等。2007年教育部《关于进一步深化本科教学改革，全面提高教学质量的若干意见》进一步强调，“各高等学校要高度重视实践环节，提高学生实践能力，特别要加强专业实习和毕业实习等重要环节”，推动学生实践活动的开展。然而，由于受传统教学理念和教学模式的影响，法学教育与社会实践的结合还停留在形式上，效果并不明显。为从根本上解决法科学生的职业适应能力和创新能力问题，2011年底，教育部、中央政法委联合启动了“卓越法律人才教育培养计划”，旨在建立法学院校与政法机关的联合培养机制，强化学生法律职业伦理教育和法律实务技能培养，提高学生解决实际法律问题的能力，促进法学教育与法律职业的深度衔接，为新形势下的法学教育工作指明了方向。

教材是实现教育功能的重要工具和媒介，是课程及教学内容的主要载体，也是实践教学课程改革的基础和先导。法学教材建设是法学教育永恒的任务，也是提高教学质量的重要环节。2005年教育部《关于进一步加强高等学校本科教学工作的若干意见》要求“加强教材建设，确保高质量教材进课堂……对发展迅速和应用性强的课程，要不断更新教材内容，积极开发新教材，并使高质量的新版教材成为教材选用的主体”，而且特别强调教材应当“具有中国特色、中国风格和中国气派”。教材的编写与选用是法学教学改革和发展的基础。但是，法学教材的编写套路一般比较固定，都是按照概念、特征、内容、原则、体系、理论争议等这样的思路下来，这就不能满足实践教学的需求。即使近些年新出版的教材既阐述原理，也分析案例，但总体上还存在原理与案例彼此分离、结合有限、对接困难的问题。因此，破解法学教育的难题，推进法学教学的实践化，教材起着相当重要的作用。

实训教材是指导专业应用技能培养的教科书，是长期实践教学经验的总结。浙江工商大学法学院是由原杭州商学院法律系和原浙江省政法管理干部学院合并组建而成的，其法学专业历史始于1979年，是浙江省内较早设立并招收、培养法学专业本科生的高等学府。多年以来，浙江工商大学法学院依托学校“大商科”的办学优势，积极探索实践教学的途径和方法。在实验教学方面，学院将法学专业课程中需要通过实验来讲授的内容，变成了学生自己动手参与教学的模式。借助两校合并带来的资源优势，学校于2003年3月投资30万元，并通过2005年省财政100万元的专项资助，建成了省内高校一流的“刑侦实验室”，主要承担刑事侦查学的教学任务。在刑侦实验室的基础上，又将与之关联的《法医学》课程纳入实验教学范围，“刑侦实验室”也扩展为“刑侦法医实验室”，面积达到了250平方米，主要承担《刑事侦查学》《法医学》《证据法学》等课程的课内实验教学任务。同时，以诉讼法为主体，开始引入诊所教学模式。法律诊所于2005年10月开业，由20多名经过严格选拔的优秀学生担任诊所律师，配备10名专业教师进行专门辅导，并且得到了律师事务所执业律师的技术指导，开展社会服务工作。为使诊所教育取得实效，学院从2006年开始，与美国太平洋大学麦克乔治法学院和美利坚大学华盛顿法学院合作进行了为期五年的“体验式法学教学”项目，在师资培养和教学方法习得方面取得了重大突破。2007年建成的以全新模拟法庭为标志的学生综合专业能力训练平台，使得法学理论知识与实践应用相结合，成为法科学生演练组织能力、反应能力和表达能力的重要场所。2009年学院成为“教育部法律执业技能人才培养实验区”试点，又在整合实验室教学、诊所教学、模拟法庭和社会实践方面作了新的探索，提升了法律诊所教育、模拟法庭课程的位阶，融案例教学于全部实践性课程中，并以学生社团为基础组建法学社会实践小分队，形成了以实验、实训、实习和社会实践为主要环节的实践教学体系。这当中，实训课程的建设成为一项新的任务。因此，从2009年开始，学院以法学核心课程中应用性强的课程为重点，为本科学生开设了“民事法实训”“商事法实训”“刑(事)法实训”“行政法实训”“经济法实训”“民事诉讼法实训”“刑事诉讼法实训”和“行政诉讼法实训”等8门实训课，并着手编写讲义。经过3年多的教学实践，发现了一些课程在教学内容和训练方法上有一定的重叠，加之实体与程序分离，主讲教师往往将其引入了“理论＋案例”的教学模式中，课程内容缺乏可操作性，学生的技术能力提高不快。经过调研和论证，学院于2012年初决定将原先8门实训课中的民事、商事和民事诉讼法合并为“民商事法律实训”，将刑事法与刑事诉讼法合并为“刑事法律实训”，将行政法与行政诉讼法合并为“行政法律实训”，并将法律谈判、调解等非诉讼程序和法律职业道德养成等纳入实践教学课程体系。2012年底教育部和中央政法委公布了“全国首批卓越法律人才教育培养基地”，浙江工商大学法学院成为浙江省属高校中唯一的“应用型、复合型卓越法律人才教育培养基地”，强化实践教学、深化教学效果、提升教学质量，又被推到了培养卓越法律人才的高度。在总结实践教学经验和广泛吸取国内外实践教学最新成果的基础上，浙江工商大学法学院决定编写这套面向21世纪高等学校法学专业的“法学专业实训课程系列教材”，以践行培养高层次应用型人才为目标的办学理念，为卓越法律人才教育培养作出积极的努力。整套教材内容广泛，涵盖了培养法律职业人才的专业技能和素质涵养的总体要求。在教材建设上，第一批出版的实训教材包括《刑事法律实训教程》《民商事法律实训教程》《行政法律实训教程》《调解的技能与实践》《法律谈判的技能与实践》《法律执业道德养成》，根据法律职业类型和学生就业方向需要编写的侦查业务、检察业务、审判业务和律师诉讼与非诉讼业务等方面的实训教材也将陆续出版。

为确保教材编写质量，本套教材选聘了具有丰富实践教学经验的教师担任主编，并吸收了实务部门具有教学指导经验的专家参与编写，致力于打造品牌教材。本套教材具有以下几个方面的特色。一是定位适当、追求卓越。教材编写贯彻了法学院校与实务部门联合培养的要求，在法治理念、法律知识、职业伦理和职业技能上，与时代的要求相适应。二是形式多样、追求优质。根据实践教学课程的特点，采取灵活多样的体例形式，以“学以致用”为目标，争取教材功能在最大程度上得到优化。三是注重应用性，讲求实效。教材编写注重了知识点的应用和技能的可操作性，以满足学生熟练运用法律知识进行创新思考，独立解决疑难、复杂法律问题的能力。

我认为，本套教材同以往的法学实践类教材相比，在质量和层次上都有了新的提升，它既可以作为在校法科生的实训教材，也可作为在职法律人士业务培训的参考书。本套教材的出版，对于推进我国的法学教育特别是法学实践教学必将起到积极的作用。当然，由于实践要求的多样性和编写人员涉足领域的有限性，这套教材也肯定存在许多不足和需要改进的地方，恳请读者提出意见和建议，以便于再版时修正。

楼伯坤

2013 年 7 月 20 日

前言
Foreword

严格地说，这本教材并不能称为“实训”教材，或者说是一本不完全的“实训”教材。

法律职业道德近年来越来越受到重视，这一方面是因为法学界对于法治内涵认识的不断深化，另一方面也因为近年来法官、检察官和律师等法律界人士出现的一系列问题。受到重视当然是一件好事，法律职业道德在法学教育中的分量也会因此而加重。然而，职业道德问题由于长期被忽视，以至于今天我们想关注职业道德教育，却不知道应该关注什么和如何关注。换句话说就是有关职业道德的知识体系和规则体系，有关职业道德的养成途径等问题，大家都在探索中。

中国自古以来就重视道德教育，有一套独特的道德知识体系和养成途径，我们从中固然可以吸收许多东西，但中国自古关注的总是普通道德，而少有对职业道德的关注。这也常常将我们引入歧途，误将普通道德知识体系和养成途径当作职业道德知识体系和养成途径，以致直到今天我们谈论的职业道德准则仍然包含了大量的泛道德因素。例如，我们谈到法官和检察官，总是强调清廉的道德要求，这看似十分正确，却有一个重大问题，就是清廉不仅是对法官、检察官的要求，所有掌握公权力的人都应秉持清廉的道德要求，那么法官、检察官的清廉究竟是什么？法官和检察官的清廉和其他掌握公权力的人，如行政官员，有什么不同？不能清晰地回答这些问题，就无法明晰职业道德的确切含义和要求，在这个基础上的教育就只能是泛道德教育而非职业道德教育。

显然明确法律职业道德的知识体系和规则体系十分重要，但这在当前也是远未完成的任务。因此，法律职业道德教育的首要任务就是尽可能完整地概括出法律职业道德知识体系和规则体系，将其提供给受教育者。本教材的定位也在于尽可能完整地提供有关法官、检察官和律师的职业道德知识和规则。我们希望本书能将已被学者归纳出来的知识体系和我国已有的法律职业道德规则体系阐述清楚。

然而，即使我们完成了上述任务，也仍然是不完全的。道德教育不同于其他教育，重要的不是将道德知识传授给受教育者，而是促成受教育者形成某种道德信念，进而自觉地依此行动。从这个意义上说，道德不是学会的，而是养成的。仅仅将道德知识传授给学生只是完成了道德教育的第一步。

更进一步的路更加艰难。我们的大学教育从教育模式到教育方法，从师资储备到评价体系等诸多方面都更适合于知识的传授，在这样的体系下要超越传授知识，进入到一个新的境界，非常困难。于是有些学者就认为，专门法学教育中的职业道德教育，目标定位就只应该定位于知识体系和规则体系的传授，而养成作为终身的任务，只能在日后的实践中逐渐完成。从道德养成的持续性和不间断性来说，这样的说法似乎也有道理。然而，一个受过专门法学教育的人，离开学校时，仅只掌握了一些法律知识，他所接受的法学教育无论如何不能说是完整的。这种不完整对法律人个体，对法律人职业共同体的负面影响是显而易见的。在当前的实践中，这种负面影响已经明显地显现出来。面对这样的状况，法学教育工作者理应去探索在现有的条件下，如何尽可能地再向法律职业道德养成方向前进一步，这是法学教育工作者的职责，也是法律教育工作者职业道德的要求。这样看来，这本教材显然没有完成这个任务，是“不完全的”。

近年来，刘建明、胡敏飞诸君以法律诊所教育为平台，在提高受教育者法律执业技能和法律职业道德方面做出了许多努力，取得了令人瞩目的成果，也为法学教育从内容到方法提供了新的思路。在这种新的思路引导下，我们开始以实训的方式尝试法律职业道德教育更进一步的发展。我们尝试给学生以完整的实际材料，让学生进入角色，在对材料的运作中体会道德要求。在这个过程中，教师扮演指导和评判的角色。在这种教育模式下，提供实际材料的学生用书和其他相关信息的教师用书就显得非常重要了。

由此看来，“完全的”法律职业道德实训教材应包括三部分内容。一是系统阐述相关知识和规则的教材。这对于学生获得较为系统的法律职业道德知识和了解相关规则是十分重要的，更重要的是这种系统的知识和规则是应对当前各种考试，如司法考试，所需要的。二是提供完整的实际材料的学生用书。三是提供指导和评判信息的教师用书。

限于教材编写时间、教材容量、材料的丰富和成熟程度、教学课时以及任课教师的掌控能力等诸多因素，学生用书和教师用书还有待进一步推敲和完善，希望能在成熟后补充进来，成为一本“完全的”实训教材。因此，也恳请各位读到这本教材的读者提出批评和建议，以促使我们尽快将其完善起来。

主编
2014 年 6 月

目录 Content

第一章　法律职业道德概述

第一节　法律职业道德的内涵

准确理解法律职业道德的内涵，首先要了解三个概念：伦理或道德、法律职业和职业道德。

一、伦理或道德

（一）什么是伦理

多年来人们对伦理多有定义，其含义差别也较大，例如：美国《韦氏大辞典》对于伦理的定义：一门探讨什么是好什么是坏，以及讨论道德责任义务的学科。也有学者认为：伦理一般是指一系列指导行为的观念，是从概念角度上对道德现象的哲学思考，它不仅包含着对人与人、人与社会和人与自然之间关系处理中的行为规范，而且也蕴涵着依照一定原则来规范行为的深刻道理。还有人说，伦理是指人类社会中有关人与人之间，人与社会、国家之间的关系和行为的秩序规范。任何持续影响全社会的团体行为或专业行为都有其内在特殊的伦理的要求。如企业作为独立法人，有其特定的生产经营行为，也有企业伦理的要求。

另有一些观点，将伦理与道德作为同义词看待，如认为伦理是指人与人相处的各种道德准则；或者认为伦理是指人与人相处的各种道德标准。

从西文的词源来考证，“伦理”与“道德”的英文对等字分别是“ethics”及“morality”。一般认为“ethics”可译为“伦理”；而“morality”则指某种规范系统，一般译为“道德”。严格说来，伦理包含的范围要比道德广。“伦理”与“道德”都可以指某种规范系统，若是严格加以区分，则伦理偏重于社会的层面，道德偏重于个人的层面。不过，在一般使用上，伦理和道德并没有严格的区分，二者经常被视为同义词，有时更被连用为“伦理道德”一词。当表示规范、理论的时候，更多地使用伦理的概念，当对具体个体或者一类现象进行描述时则更多地使用道德这个概念。本书在论述问题中涉及伦理和道德的概念，在具体使用方面并不作特别的区别，一般均使用“道德”来表述。

(二)如何定义道德

对道德的定义同样有多种,有人认为"道德"指某种情感和行为的"应然"状态。"道德的"即意味着"应当的";也有人认为依据马克思主义的观点,道德是一种社会意识,归根到底由社会生活的实际状况,尤其是由社会的经济生活决定,社会生活尤其是经济生活的变化必然引起社会的道德意识的变化。因此道德判断不是以某个人的观念为依据,而是以整个社会的观念为准;还有人认为道德是一种规范,是社会用来调节人们的行为,向社会成员发布应当做什么、不应当做什么的指令,从这个意义上讲,道德和法律极为相似,因此也可以将道德称为道德规范。

也有人从道德的社会作用角度定义道德,认为任何社会都需要一定的道德意识以协调人际关系,形成和谐有序的社会秩序,道德就是协调社会关系的一种手段,其维系社会关系的方式有社会舆论、传统习俗和内心信念三种途径。

综合上述观点,可以对道德作如此定义:道德是人类社会一种重要的意识形态,是由人们在社会生活实践中形成的并由经济基础决定的,以善恶为评价形式,依靠社会舆论、传统习俗和内心信念,用以调节人际关系的心理意识、原则规范、行为活动的总和。它由道德意识、道德规范和道德实践(道德活动)三个部分构成。就本书而言,讨论的重点在以道德规范为基础的道德实践。

我们可以看出,道德专属于人文世界的范围,它表现人类加之于彼此及自身的规范与评价;非人文的自然世界及动物世界无这类概念。唯有人类能够为自身制定一些应然的标准,并且同时具有达到这些标准的能力以及违反这些标准的能力。道德即以某些应然的规范及标准为基础,人们由此而展开对于彼此及自身的要求与评价,其中涉及社会层面的责任问题、赏罚问题,也涉及个人层面的德性发展。

同时值得注意的是,道德是人类社会评价个体行为的基本尺度,是调整人与人之间、人与社会之间关系的行为规范的总和。道德具有多层次和动态的历史发展过程。不同的社会阶层、不同的社会经济条件、不同的社会文化背景、不同的历史阶段、不同的民族有着不同的道德观和道德标准。道德主要依靠社会舆论、传统习俗和内心信念来约束、规范人们的行为。在现实社会生活中,道德具有教育示范、调节规范和潜移默化影响人们的行为和意识的作用,良好的社会道德的养成对于促进人类个体文明的发展和社会进步具有十分重要的意义。

(三)道德的功能

1. 认识功能

道德可以引导人们认识自己与他人、家庭、社会等客体的关系,明确各自的义务,确定善的目标和实现途径,教导人们正确地认识社会道德生活的规律和原则,从而正确地选择自己的生活道路和规范自己行为。

2. 调节功能

人们在社会中总要和他人发生各种关系,在此过程中不可避免地会发生各种矛盾。协调矛盾的方式有多种，道德是其中最重要的方式之一。与其他方式相比，道德调整方式有其不可替代的特点，如道德调整手段有社会舆论、风俗习惯、内心信念等方式；道德调整是以善恶为标准调整社会上人与人的关系，指导和纠正人们的行为，以追求至善为调整人与人之间关系的目标。

3. 教育功能

道德总是可以提供至善的准则，并以此为模版促成人们形成良好的道德意识和道德习惯，养成符合至善原则的正义观，使人们成为臻于至善的人。

4. 评价功能

道德可以以其善恶标准评价人们的思想和行为，这种评价会成为一种巨大的推动力量，推动人们追求善的目标。

二、法律职业

法律职业有广义和狭义两种含义，广义一般是指从事与法律密切相关工作的人所从事的带有一定专门性的职业，其人员范围不仅包括法官、检察官和律师，还包括其他众多从事与法律密切相关职业的人，如还包括法学家、某些政府工作人员、警察、仲裁员、司法调解员等。狭义一般是指以法官、检察官和律师为代表的，受过专门的法律专业训练，具有娴熟的法律技能与法律伦理的法律人所从事的专门职业。这里特别强调了法律职业是一种专门的行业，从事法律职业的人需要拥有专门的法律知识和技能。

尽管众说纷纭，我们认为，法律职业的含义从狭义角度理解更为适宜。

首先，我们认为所谓职业总是以一定的专门性知识、技能和思维为其基本特征，这种专门性知识、技能和思维总是要通过长期的专门的学习和训练才能获得。

其次，所谓职业总是有一定的封闭性，也就是说某个职业之所以成为职业就是因为不是随意加入的，总是有一定的准入门槛的。

最后，所谓职业在其存在和延续的过程中总会形成一种与其他职业不同的职业文化，包括相应的职业道德。

综合起来说，一个职业要有特定的知识、技能和思维，这种知识、技能和思维应该是经过长期的专业训练才能习得；要有特定的准入标准；要有相应的职业文化。

由此看法律职业，合乎上述要求的主要是法官、检察官和律师为主体的职业。这类法律人有共同的不同于其他职业的专业知识和技术；经过相同的准入标准的筛选；这类法律人也有着相同和相似的以法律文化为基础的职业文化。而法学家、某些政府工作人员、警察、仲裁员、司法调解员等人，尽管也从事与法律密切相关的工作，但在职业知识和技能、准入标准和职业文化等方面都与法官、检察官和律师有明显的不同，因此从狭义角度理解法律职业是合理的。

其他学者对法律职业论述也多从职业技能、职业信仰、准入标准等角度阐述，如美国学者庞德认为，法律职业是指一群人从事一种有学问修养的艺术，共同发挥替公众服务的精神，虽然附带地以它谋生，但仍不失其替公众服务的宗旨。这里他强调了专门的知识和技能，强调了其特有的精神。也有学者认为，法律职业者是一个拥有共同的专业的法律知识结构、独特的法律思维方式、具有强烈的社会正义感和公正信仰的整体，由于他们以为公众服务为宗旨，所以不同于虽有一定技巧但完全追逐私利的工匠。还有学者分析说，提起“法律职业”，首先想到的是通过国家专门考试，成为所谓训练有素的专门家，其次才会想到这些人成为法官、检察官、律师等，这里强调的是法律职业的封闭性和准入性。

由法律职业人构成的法律职业共同体近年来受到法学界及社会各界的广泛关注，许多学者认为，法律职业共同体的形成与发展是一个法治国家赖以存在的基础。法律只有成为一门稳定的专业化的知识体系，才能独立于大众感知的道德和变动不居的政治意识形态而获得自主性；只有具备与众不同的思维逻辑和法律技艺，法律人才能构成法律职业共同体。

由上述法律职业的定义，我们可以看出，法律职业共同体是以法官、检察官和律师为核心的法律职业人员所组成的特殊的社会群体。它必须经过专门的法律教育和职业训练，是具有统一的法律知识背景、模式化思维方式、共同法律语言的知识共同体；它以从事法律事务为本，是有着共同的职业利益和范围，并努力维护职业共同利益的利益共同体；其成员间通过长期对法治事业的参与和投入，达成了职业道德共识，是精神上高度统一的信仰共同体。

在当代中国，依法治国，建设法治国家，是中国社会和法律发展的必然，形成法律职业共同体正成为我国法治社会生活的内在要求，有着深刻而重要的现实意义。

三、职业道德（伦理）

（一）职业道德概述

在《中国大百科全书·哲学卷》中，职业道德是这样定义的：“在职业范围内形成的比较稳定的道德观念、行为规范和习俗的总和。它是调节职业集团内部人们之间关系以及职业集团与社会关系各方面的行为准则，是评价从业人员职业行为的善恶、荣辱的标准，对该行业的从业人员有特殊的约束力。”职业道德是指人们在职业生活中应遵循的基本道德，即一般社会道德在职业生活中的具体体现。是职业品德、职业纪律、专业胜任能力及职业责任等方面的总称，属于自律范围，它通过公约、守则等对职业生活中的某些方面加以规范。职业道德既是本行业人员在职业活动中的行为规范，又是行业对社会所负的道德责任和义务。

也有人从广义和狭义角度定义职业道德，认为广义的职业道德是指从业人员在职业活动中应该遵循的行为准则，涵盖了从业人员与服务对象、职业与职工、职业与职业之间的关系。狭义的职业道德是指在一定职业活动中应遵循的、体现一定职业特征的、调整一定职业关系的职业行为准则和规范。

我国《公民道德建设实施纲要》提出了职业道德的主要内容：爱岗敬业、诚实守信、办事公道、服务群众、奉献社会。对照上述广义和狭义职业道德的概念，我们不难看出，《公民道德建设实施纲要》所述职业道德实际上就是从广义角度定义的职业道德。与这种带有普遍的职业道德不同，本书所讨论的并非普遍涉及各个职业的职业道德，而是仅从狭义角度讨论某一个职业（如法律职业）中的人在其职业活动中应遵循的、体现一定职业特征的、调整一定职业关系的职业行为准则和规范。

从职业道德的功能上看，职业道德越完善、越有效，职业群体自身的组织就越稳定、越合理。职业道德是随着职业的出现而产生和逐步发展的，是社会道德在职业领域的具体体现。由于人类职业的多样性，人类职业道德也具有多样性的特征，不同的职业有着不同的职业道德要求。如医生有“医德”，艺人有“艺德”，教师有“师德”等。

职业道德一般包括职业道德意识、职业道德行为和职业道德规则三个层次。

职业道德意识是指人们对于职业道德的基本要求的认识，包括职业道德心理和职业道德思想，具有相对稳定的特征。

职业道德行为是职业个体通过职业道德意识指引所形成的行为的外在体现。从结果上看，它既可以是正面的道德行为，也可以是违反职业道德的行为。

职业道德规则是约定俗成或通过一定的规范性形式所规定的职业的意识、行为的准则或标准。一般由职业道德原则、职业道德规范和职业纪律所组成。职业道德规则是在职业道德意识和职业道德行为的基础上产生和发展起来的，是职业道德的规范化形式。这是职业道德和普通的社会道德的一个重要区别。我们研究法律职业道德更多地侧重职业道德规则。

（二）职业道德的本质和特征

职业道德是社会一般道德在职业生活中的特殊要求，又带有具体职业或行业的特征，因此可以从以下几个方面来理解其本质和特征。

1.职业道德是基于职业分工和职业差异而产生的，因职业的不同，不同的职业主体所遵循的道德准则也有所不同，特定的职业道德仅适用于特定行业的职业人员，因此我们说，职业道德的主体具有特定性。

社会分工形成了各种各样的职业，并形成了人们之间错综复杂的职业关系。这种与职业相关联的特殊的社会关系，需要有与之相适应的特殊的道德规范来调整，职业道德便作为适应并调整职业生活和职业关系的行为规范而产生了。

换个角度来说，与职业道德主体的特定性相关联的是职业道德适用范围的有限性。每种职业都有其特定的职业性质和职业义务。由于职业的职业性质和义务不同，各自的职业道德也有不同的要求。

2.职业和职业道德都是在社会长期发展的过程中逐渐形成的，由此形成了世代沿袭的职业传统、职业心理、职业习惯和职业规则，这些大多又体现在职业道德内容中，如教师职业道德中，中国多年的教育传统形成了类似于“有教无类”“诲人不倦”等道德准则，这些道德准则至今仍是中国教师的职业道德的准则。在具体实施的时间上相对连续，因此在内容上具有一定的稳定性，在发展上具有历史继承性。

3.职业道德中总是存在相应的职业制裁。与一般社会道德不同，职业道德总是存在一定的职业惩戒，如在西方中世纪，违反职业道德会受到行会等职业组织的制裁。而普通社会道德并不存在这种专门的制裁，其保障力量仅限于社会舆论的压力和内在良心的谴责。职业道德要求人们能自觉遵守，其属性具有道德色彩；又带有一定的强制性，其属性又带有法律色彩。这是与普通道德很不相同的。

(三)职业道德的作用

职业道德是社会道德体系的重要组成部分，它一方面具有社会道德的一般作用，另一方面又具有调整职业共同体及其从业人员等关系的特殊作用。

1.调整职业人员的内部和外部关系。职业道德的基本职能是调节职能。它一方面可以调节从业人员内部的关系，即运用职业道德规范约束职业人的行为，维系职业人之间的良好关系和状态。另一方面，职业道德调整职业人和社会公众之间的关系，即运用职业道德规范调整职业人和工作对象的关系，如医生和病人的关系，教师和学生的关系，律师和当事人的关系等。

2.维系和提升职业声誉。职业的社会地位和社会声誉是这个职业在社会中立足的基本条件。而社会地位和社会声誉的获得一方面依赖于这个职业的专业化程度，另一方面依赖于社会对这个职业的道德评价。因此一个职业如不能坚守一个社会认可的职业道德准则，保持社会尊重的职业道德水准，这个职业就会被社会抛弃。换个角度说，良好的职业道德水准是保持本行业存在、促进本行业发展的重要因素。

3.提升社会道德水准。职业道德是社会道德的组成部分。职业道德一方面维系职业共同体的良好状态，塑造良好的职业人形象；另一方面，职业共同体和职业人的道德形象也会在其职业活动中展示给全社会，进而影响全社会。因此良好的职业道德有助于推动社会道德水平的提高。

四、法律职业道德

法律职业道德是指法官、检察官、律师等法律职业人员在其职务活动与社会生活中所应遵循的行为规范的总和。法律职业道德是社会伦理体系的重要组成部分，是社会道德在法律职业领域中的具体体现和升华。

与一般社会道德和其他职业道德相比，法律职业道德具有主体的特定性、职业的特殊性和更强的约束性的特征。

(一)主体的特定性

主体的特定性是指法律职业道德所规范的是专门从事法律工作的法官、检察官、律师等法律职业人员。

同时值得注意的是,与其他职业道德的主体(如医生、教师)相比,法律职业道德的主体还具有多样性,主体的多样性是指法律职业道德的主体包括法官、检察官、律师等多种法律职业人员。

(二)职业的特殊性

职业的特殊性,是指上述主体由于所从事的工作直接关系到国家法律制度的运行和实施。职业道德的特点应体现职业的特点,而与其他职业相比,法律职业有其特殊性,这种主要表现在几个方面。首先,法律职业具有法律属性。法律职业是运用法律和实施法律的工作,工作的内容和法律密切相关。由于法律是国家以强制手段来调整不同的社会主体之间的法律关系的规范,与社会主体的权利与义务密切相关,因此具有很强的严肃性、精确性和公正性,在客观上就要求从事法律职业的人员具备很高的职业道德水准,只有这样才能有效地维护和确保法律的正确实施。其次,法律职业具有特殊的行业属性。与医生、教师等职业不同,法律职业构成较为多样,存在法官、检察官、律师等具体职业,不同法律职业人员之间的道德界限存在差异,在职业道德上的具体要求各有不同,如法官追求司法的公正、律师追求当事人利益的最大化、检察官追求最大限度地保障和实现国家和公众利益,因此难以形成完全统一的法律职业道德规范。这构成了法律职业道德鲜明的行业特征。最后,法律职业具有专业属性。法律职业具有较强的专业性和严格的准入标准,从业人员的专业水准和其拥有的职业道德水准共同构成了保障法律良好运行的重要条件,法律职业人员的专业水平与职业道德水平存在密切的相关性。

(三)更强的约束性

更强的约束性可以从两个方面理解。

一方面从与一般社会道德比较而言,一般社会道德规范的约束力量主要是舆论压力和良心谴责。法律职业道德有自律性的一面,很多法律职业道德规范要求法律职业人员自我约束。如律师职业中存在的利益冲突问题,许多就没有具体的规范要求,律师在执业中遇到这种情况时,就要根据职业的使命要求来处理,避免出现损害当事人利益的情况,这就完全靠自律。但更值得注意的是,法律职业道德更强调他律性,强调外在约束,违反职业道德的法律从业人员不仅要承担道德责任,还存在大量纪律责任,甚至存在许多刑事责任。法律职业道德总是和法律职业责任密切联系在一起的,这体现了鲜明的他律性特征。

另一方面是法律职业道德相对于其他职业的职业道德(如医生的职业道德,教师的职业道德)而言,具有更强的约束性,法律职业人员违反法律职业道德的要承担更大的责任。法律职业道德的许多内容都是通过各种规范性文件的形式体现出来,如各种诉讼法、《法官法》《检察官法》《律师法》;《法官职业道德基本准则》《检察官职业道德规范》《律师职业道德和执业纪律规范》等。从这些文件的数量、覆盖范围、制裁方式、约束强度等方面看,其约束性都远强于其他职业道德规范。同时,除了这些以规范性的文件反映出来的职业道德规范外,还存在大量的非规范性的法律职业道德,比如法律职业道德习惯、意识等,这些非规范性规范同样约束着法律职业人员。

第二节 法律职业道德的渊源

法律职业道德的渊源是指法律职业道德规范的形式来源,或构成法律职业道德的规范来源。由于法律职业道德形式的多样性,其规范来源也必然是多样的。

一、法律

法律是法律职业道德规范最主要的渊源。法律与法律职业道德互相渗透,互相影响。法律要吸收道德的精神,如《法官法》第3条规定:法官应"全心全意为人民服务"。为人民服务实质上是一项道德要求,现在《法官法》将其吸收进来作为法官必须遵守的法律义务之一。《检察官法》第3条也有类似规定。反过来,法律职业道德的基本精神和准则也必须以法律为基础,合乎法律的精神和逻辑。如诉讼法中关于回避的规定体现出保证公正法律良好运行的基本精神和逻辑,这一精神和逻辑就成为法律职业道德的基本渊源,在法律职业道德的多项规范中体现出来。

二、最高人民法院和最高人民检察院的规定

这类规定典型的有《中华人民共和国法官职业道德基本准则》和《中华人民共和国检察官职业道德基本准则》,两个准则由最高人民法院和最高人民检察院做出,对各级法院的法官和检察院的检察官都具有约束力,成为法律职业道德非常重要的渊源。除此之外最高人民法院和最高人民检察院的司法解释也是法律职业道德的重要渊源。如最高人民法院关于刑事诉讼法的司法解释中,许多内容都涉及法官的回避问题,其中就包含大量的法律职业道德的内容,可以理解为把较为抽象的道德要求具体化,可操作化。

三、行政法规和部门规章

行政法规和部门规章是由国务院及其所属部委制定的，其中有从行政管理角度规范律师等法律职业人的行为规范，是法律职业道德的重要渊源。如国务院制定的《法律援助条例》第 22 条规定："办理法律援助案件的人员，应当遵守职业道德和执业纪律，提供法律援助不得收取任何财物。"再如司法部制定的《律师和律师事务所违法行为处罚办法》第 3 条规定，司法行政机关应"教育引导律师、律师事务所依法执业，恪守职业道德和执业纪律"。

四、行业规范

行业规范是行业机构规范本行业从业人员的规范。行业机构非立法机关，它所制定的行业规范只具有纪律的约束力和道德的约束力及号召力，所以行业规范具有更加显著的道德属性，成为法律职业道德规范的主要渊源。这类行业规范典型的如中华全国律师协会制定的《律师职业道德和执业纪律规范》。

五、道德规范

法律职业道德规范的渊源还包括普通道德规范。职业道德规范是建立在普通道德规范基础上的，社会的普通道德必然成为支撑法律职业道德的重要力量。一个社会主流社会道德水准必然会强烈地影响法律职业道德的水准。如社会主义核心价值体系的 24 个字"富强、民主、文明、和谐，自由、平等、公正、法治，爱国、敬业、诚信、友善"，特别是其中的"自由、平等、公正、法治"，必然对当前完善法律职业道德产生巨大影响，成为法律职业道德的重要内涵。

第三节　学习和研究法律职业道德的意义

一、法律职业道德的重要性

（一）法律职业道德的一般功能

从道德的一般功能来看，道德有示范、调节、提升、辐射等社会功能，因而对社会有重要影响，是社会不可或缺的调控。法律职业道德当然也具备普通道德的一般功能。

从示范功能角度看，法律人的职业道德，主要是通过他的职业行为体现出来，对于全社会来说，这种行为就是一种道德示范，它实际上告诉人们这就是法律的精神。这就是法律职业道德的示范功能。因此增强法律职业人的法律道德意识，促成其形成良好的职业习惯，对于全社会法律意识和道德的提升，对于实现法治都是非常重要的。另一方面，对于法律人职业群体而言，整体的职业道德状况也是为全社会树立了一个标杆，成为全社会的样板。如法律人职业群体，特别是法官，所坚持和奉行的公正标准，必然强烈影响全社会的行为方向。

从调节功能角度看，法律职业道德作为道德的一部分，是整个社会调节系统中的一部分，因此，调节功能是法律职业道德的最主要功能。法律职业道德的调节功能是指道德具有通过评价等方式来指导和纠正法律职业人员的行为和实际活动，以协调法律职业人员之间、法律职业人员与法律职业对象之间关系的能力。从这个角度说，法律职业道德的功能和普通道德是相同的。如同普通道德一样，法律职业道德也要依靠社会舆论、良心、榜样、教育、感化等方面的力量调节和约束人们的行为。

与普通道德的调节功能不同的是，法律职业道德具有更强的强制性，但它不仅依靠良心、舆论等压力，即所谓内在性压力，确保其有效性，而且还依靠外部的强制性制裁迫使法律职业人遵守法律职业道德。

从辐射功能角度看，法律职业人在实施其职业行为的时候，其道德意识、道德行为对整个社会会产生强烈影响，通过这种影响，法律职业人所信奉和坚守的职业道德准则会扩散到全社会，感染和感召社会成员，进而推动全社会的进步和发展。这就是所谓职业道德的辐射功能。

(二)法律职业道德的特定功能

如果更加仔细地分析法律职业道德与社会的关系，我们会发现法律职业道德对社会的影响还有其自身的特点，而这种特点更值得关注。

一般认为，在法治社会中，法律人要作为职业人，以法律职业人共同体的形式存在和发展必须具备几个重要的内在要素，这些要素包括法律知识、法律技能、法律思维方式和法律职业道德，其中法律职业道德对其他要素有着重要影响，没有法律职业道德的支撑，就不会有现代法律职业。

从专业角度来看，法律知识、法律技能和法律思维方式本身就包含着法律职业道德的内容，法律职业道德是法律知识和法律技能的组成部分。如前所述，在法律规则中就包含着法律职业道德的要求，在法律人运用法律技能从事法律活动时也必然要遵循法律职业道德的要求，或者说法律技能本身就包含着法律职业道德的要求，如法官的判案技能，律师与当事人沟通的技能都蕴含着职业道德的要求。法律职业道德并不是单独和孤立存在的，而是和法律人的专业技能结合在一起的，是法律人在自己的职业活动中应该遵循的判断是非善恶的准则。作为社会人，我们必须知道自己的社会责任；而作为法律人，他对自己社会责任的理解是和自身的职业相联系的。他不仅是像普通人那样具有善恶观，而是应该掌握和法律知识、法律技能相联系的善恶观，这样他才能确定职业行为好坏对错，确定职业行为正当性的依据。

从精神内涵上看，法律职业道德是法律职业精神的核心内容。法律职业精神是法律人的精神支柱，也是法律人职业共同体的凝聚核心。没有这种精神支柱，法律人的职业活动就会失去精神支持，法律人职业共同体就会因丧失精神内核而失去凝聚力。如有学者认为，法律职业道德的核心应是利他主义，法律人在处理职业与社会、职业个人与职业整体以及职业个人与其他利益主体的关系方面所提出的各种要求，都体现了服务于社会的利他主义职业精神的要求，这种利他主义精神就是法律人职业共同体的核心凝聚力量。从操作意义上讲，法律职业道德是制定法律人职业共同体规则的最主要的渊源，法律职业人共同体是一个自治性群体，而自治性群体的实质总是一种道德自治，其共同体规则本质上也是一种道德规则。因此法律职业道德对于提升法律职业人专业素养、提高其道德水平也有重要作用。法律职业社会地位的高低，能否获得社会的尊重，很大程度上取决于社会对它的道德评价。一个良好的法律职业人共同体的维系，既保证了法律良好顺畅的运行，又能树立了良好的职业形象，也为全社会提供了形象生动的法律精神的展示，因此法律职业道德最终也是保证法律人良好社会形象和社会地位的重要力量。

从社会影响方面看，法律职业道德通过约束法律职业人的职业行为向全社会鲜明地展示了法律的精神内涵，对公众会产生重要影响，公众心目中对法律规则和法律精神的认知，与其说是通过学习法律而获得的，不如说是通过法律人的活动而感受到的。因此我们认为，法律职业道德对全社会的道德状态也具有重要的影响，特别是对全社会增强法律意识、了解法律精神、推动法治化发展具有重要影响。

法律职业道德对社会产生影响一般是通过提供道德理想，树立道德榜样，确立道德批评标准等机制达成的。法律职业人通过对其职业道德的践行，为社会提供道德目标，引导社会向目标方向发展；通过职业道德榜样的树立为社会提供追求道德理想的现实可能性；以职业道德准则建立某种道德批评标准，并以此评判人们的行为，推动人们向着道德理想的方向发展。法律职业道德正是通过这样一些机制影响社会公众，推动社会发展。

综上所述，法律职业道德在调节法律职业人职业内外的利益关系；树立榜样，提升法律职业人的道德水平和执业能力；树立法律人良好的社会形象进而提高法律在人们心目中的地位等方面都是非常重要的作用。

二、学习和研究法律职业道德的意义

（一）回应现实中重大问题，推动法律发展，实现法治化的需要

当前中国社会无疑存在许多问题，以市场经济为例，尽管中国宣布实行市场经

济已有20年，但其不完善仍然是显而易见的。如对于市场经济而言，契约以及与此相关联的契约精神构成了影响其正常运行的核心因素。而当前社会，公众对于契约的自主性，契约效力的确定性等有关契约的基本精神缺乏认识和理解，在许多场合就表现为诚信的缺失。而对于法律而言，契约诚信是其基本精神内涵，因而也是法律职业道德的基本要求，是法律职业人所应遵循的基本职业道德。法律职业人如果深刻地理解了这一职业道德的内涵和意义，并且在实践活动中将契约诚信的道德准则坚持到底，对于整个社会而言是从职业角度对诚信缺失的最好回应。相反如果法律职业人也随波逐流，信奉拜金主义、唯利是图的道德准则，必然给法律职业和法律本身带来负面影响。

毫无疑问，中国法律发展的目标已定位于实现依法治国，建设法治国家。推动法制化实现的因素有多种，法律人职业共同体的形成无疑是一个重要因素。法律职业人是法治进程的直接参与者，在实现法治化的进程中具有重要的地位。从这个意义上讲，法律职业人所具有的综合素质直接影响到法治的形态以及实现的过程。而这种综合素质既包括法律知识和法律技能，也包括法律职业道德。这也就意味着，推动中国法律发展，实现法治化，既需要法律职业人具有较为精深的法律知识、熟练的法律技能，也需要法律职业人具有良好的法律职业道德。没有良好的职业道德，运用精深的法律知识、熟练的法律技能有可能背离法治的发展方向，影响甚至阻碍法治发展的进程。如就法官而言，保证司法公正是实现法治化的重要一环，而保证司法公正，要靠法官精深的法律知识、熟练的法律技能，更要靠法官严格恪守法律职业道德准则，如同人们常说的，要有一支高素质的法官队伍，而高素质的法官队伍首先要求有良好的职业道德水平。对于检察官和律师而言也是同样的道理。

另一方面，法治化的实现有赖于法治的发展和完善，同时也有赖于社会道德水平符合法治化的要求，否则法律就只能成为纸面上的法，法治化也就成了一句空话。而法律职业道德对社会道德的发展方向和发展水平有着重要的引领作用。

法律职业人的职业道德水平直接决定了社会道德的发展能否与法律发展相协调的问题。法律职业人良好的职业道德，一方面可以构建法律人职业群体良好的精神风貌，另一方面可以通过自己的职业行为影响整个社会。从这个意义上说，法律职业人作为法律专业人员，以较高的法律职业道德素养对于法治发展具有重要的促进作用。更值得注意的是，法治社会需要与法治相适应的道德观，这种道德观与当前存在的社会道德观在许多方面是有冲突的，如法治对于程序正义的重视和当前公众对于实体正义的期盼就存在着差异和冲突。消除这些冲突，将社会道德观引领到符合法治要求的方向去是法律职业人的重要责任，这种责任是其他职业群体无法替代的，只能由法律职业人承担起来。因此法律职业人学习、研究和掌握法律职业道德，廓清其内容，并以此指导自己的行为是非常重要的。

(二)构建法律人职业共同体的需要

法律职业人共同体对于实现法治化的重要性已经成为法律界的共识,而如何构建法律人职业共同体却还有不同的说法,对于一个人从普通人到法律职业人所应该学习和研究的知识,以及学习和研究这些知识的途径每个人的说法并不相同。但是无论哪种说法,成为法律职业人需要学习和研究法律职业道德却是大家的共识。

这种共识的取得首先源于近年来法律职业人群体的状况。近年来,法律职业人群体有了很大的发展,但由于种种原因,法律职业人群体的专业素质,特别是道德素养参差不齐。近年来发生了多起影响较大的法律职业人违法事件。法律人包括职位很高的法官滥用职权、执法不公、贪赃枉法等现象也时有发生,在社会上产生了恶劣的影响。许多人认为,导致这种现象的原因当然是多方面的,但是法律职业道德标准的混乱毫无疑问是最重要的原因之一,这直接导致了公众对于法律人职业群体,进而对于法律人职业群体所运作的法律的不信任。长此以往,法律的权威性丧失,法治也就无从实现。

另一方面,这种共识也源于对法律人职业群体的构成、作用等问题的认识进一步深化。近年来,随着对法治理论和各国法治进程研究的深入,越来越多的学者认识到,法治实质上是法律人之治,没有一个良好的法律人职业共同体,法治的实现是不可能的。而构成法律人职业共同体的基本要素除了法律知识、法律技能和法律思维方式之外,更重要的就是法律人共享着同一套职业道德系统,共同遵循着同一套职业道德标准。

基于上述两方面的认识,学习和研究法律职业道德就成为构建法律人职业共同体的重要环节。具体地说,学习和研究法律职业道德,从法律人角度看,可以提升法律职业人职业道德素养;从法律人职业群体角度说,有助于形成共同的职业道德观和职业道德规则。其意义十分重要。

具体地说,学习和研究法律职业道德可以使法律职业人自觉地以职业道德的标准约束自己的行为,防止违反法律职业道德行为的出现;可以通过对道德理想和道德榜样的学习培养训练法律职业人的职业道德信念、道德情感和道德品质,促成法律职业人自我提升的热情,明确自我提升的目标;可以促使法律职业人依据职业道德标准自我评价,纠正职业行为的错误和问题;还可以推动法律职业人群体在总体上形成职业认同感、职业成就感、职业荣誉感,促使法律人职业共同体的共同价值观发展完善。

(三)完善法学学科的需要

学习和研究法律职业道德,可以促成法律职业道德学科的建立和发展,将引起法学和伦理学研究的新进展和新突破,拓宽法学和伦理学研究的新视野。

法律职业道德是跨法学和伦理学两个学科的边缘科学,需要从法学和伦理学两个维度上给予关注。但是多年来两个学科却都没有给予足够的重视。就法学学科而言,长期以来或明或暗的总是存在一种观念，法学是研究规范的学科，道德层面的问题应由其他学科，如伦理学等来研究。实践中这种倾向也十分明显，大家都认为法律人士是专业人士，其素养应表现在专业上，如专业知识、专业能力等，而道德问题应属于思想教育领域的问题，与专业并无太大关系，应由专门人员，如党政干部，通过加强思想教育来解决。这类倾向在法学教育中就表现为法律职业道德教育在法律教育中的分量，无论从课时数角度考查，还是从课程的重要性考查，都非常低；在司法考试中表现为法律职业道德进入司法考试的时间很晚，所占比重很小，考查内容也仅限于一些基本准则，缺乏更深入的说理性和应用性考查。

这种被忽视的结果就是经过多年的发展，法学教育有了非常大的进步，总体上法律人的专业水平也较过去有了极大的提高，但是法律职业人群体的状况却提升不大，令人遗憾的事情仍然不断地发生，甚至情况更严重，影响更坏。在法官方面，有法官徇私枉法的，有法官与律师串通欺骗当事人的，有个人生活腐化的；在检察官方面，同样有刑讯逼供的，有贪赃枉法的，有生活腐化的；在律师方面，有唯利是图的，有诈骗、行贿的，有制造伪证的，等等。

这种状况令人深思，我们发现，法律人的道德观绝不是孤立于专业知识之外的伦理学甚至政治领域的问题，而是和专业知识和能力紧密结合在一起的。这使得我们不得不重新审视、学习和研究法律职业道德的意义和重要性。

从更广的意义上看，法律与道德的关系本身就是法学理论中由来已久至今争论不休的重大问题，非常值得关注、学习和研究。而法律职业道德问题既涉及法与道德关系的原理，又有其自身特有的原理和问题，必须通过专门人员专门的考察研究才可能使其清晰化、明确化。

具体地说，法律职业道德需专门研究的问题非常多，如理论方面的，法律职业道德的内涵，法律职业道德与普通道德的关系等；或者实际方面的，当前市场经济条件下法律人的道德准则，律师与当事人接触的道德要求，法官出庭的道德要求等等。对这些问题的研究探讨和学习，有助于法律职业道德学科的发展完善，也有助于法学整体的发展完善，有助于法律人的发展完善，对伦理学的发展也是一个促进。总体上说，对法律职业道德学科的研究和学习，无疑将拓宽法学与伦理学研究的视野，促进法学、伦理学研究。

（四）学习和研究法律职业道德对法学教育的发展完善也具有十分重要的意义

如前所述，当前法律职业人的状况并不令人满意，法律人不能依法正确履行职责，甚至违法犯罪的现象时有发生。其原因也正如前文所说，很大程度上与缺乏法律职业道德的严格训练，没有养成良好的职业道德习惯有密切关系。而法律职业人道德素质的提高离不开以法律职业道德为标准而进行的严格和专门的训练。缺乏严格的职业道德训练，没有养成良好的道德习惯，只能表明当前的法学教育存在着问题和不足。

考察我国的法学教育,发现问题确实如此并且是长期存在的。我国的法学教育一直重视基本法律知识和基本理论的传授,而对于学生如何在将来的职业实践中运用这些知识来寻求现实法律的公正,如何保持职业的操守与规范以及职业的廉洁性,缺乏系统的、严格的和专门的专业训练。就课程设置而言,法律职业道德课程在课时数和课程性质等方面都处于边缘的地位,在其他课程中,如各种诉讼法,也涉及法律职业道德问题,但是分散不成系统且所占比重很小,起不到专门的训练与教育的作用。

这就给法学教育提出了新的重要的课题,法学教育必须直面这些问题,进一步发展完善。

一方面,应该开设单独的法律职业道德课程,使未来的法律职业人接受良好的法律职业道德的专门学习和训练。对高等院校法科学生开展法律职业道德教育,也是国际上通行的做法。法学教育较发达的国家,法学院都普遍开设法律职业道德方面的课程,并把学生对法律职业道德课程的学习与通过考试作为其进入具有执业资格的专业法律人才队伍的必备条件。

另一方面完善法律职业道德的内容和学习训练的方法,使未来的法律人不仅是接受了系统的法律职业道德知识的学习,还受到法律职业道德应用的训练,最终使法律职业道德内化为内心的信念。长期以来,传统的法学教育重视法律知识的传授而忽视了对学生职业规则的严格和系统的训练,不利于培养德才兼备的高素质专业法律人才。

三、学习和研究法律职业道德学的方法

(一)学习和研究的科学性

一方面,从学科角度来说,如果把法律职业道德作为一门学科来学习和研究的话,其学习和研究的方法与其他学科并无实质性的区别。

第一,应在正确的哲学观指导下学习和研究,而正确的哲学观主要是指辩证唯物主义和历史唯物主义。具体地说,如应注意到法律职业道德作为人的观念意识,其内涵离不开社会物质生活条件,在学习和研究法律职业道德中,应充分注意到不同的法律职业道德观所赖以存在的社会物质生活条件。

第二,应当用发展的和动态的眼光来看待法律职业道德。辩证唯物主义和历史唯物主义认为万事万物都处在发展变化的过程中,变化是永恒的,静止是相对的。学习和研究法律职业道德应充分注意到其形成和演化的过程,从中获取其发展变化的规律,推动其遵循发展规律进一步发展变化。同时也应注意到某一特定的法律职业道德准则形成发展和演化的历史过程,这样才能把握其本质,掌握其规律。还应注意到中外历史上法律职业道德在法律发展,甚至在人类文明发展进程中所起的作用,以此作为今天的借鉴。

第三,应以联系的眼光来看待法律职业道德。所谓联系包括两个方面,一是各学科之间的联系。法律职业道德的学习和研究要吸收其他学科的知识和方法,如伦理学、社会学、政治学以及法学当中的其他学科,法律职业道德的发展是和这些相关学科的发展紧密联系的。除此之外,经济学、心理学、文学等学科也对法律职业道德的发展有影响,如从方法上看,经济学所使用的诸如经济分析等方法对法律职业道德的研究也是有裨益的。二是理论和实践的联系。法律职业道德从本质上讲是一门实践性学科,它的最主要的着眼点不在于理论体系的完善,而在于法律人在实践活动中的运用,或者说其问题的提出是源于实践,其理论体系完善的目的也是在实践中的运用,因此学习和研究法律职业道德必须紧密联系实际。如法律职业道德必须面向司法实践,回答司法实践中法律职业人所遇到的各种法律伦理问题,如司法的法官的行为如何体现司法公正性,律师的行为如何体现司法公正性,两种公正性有何不同等,为法律职业主体提供解决道德问题的理论支持。

另一方面,从法律职业道德学科本身的规律来看,其学习和研究的方法还有其自身的特点和要求。

与掌握知识不同,道德欲发生效力,重要的不是当事人知道多少道德准则,而在于多少道德准则成为其内心的信念。法律职业道德发生效力也遵循同样的规律。在此规律之下,学习和研究法律职业道德就有了不同的要求。

(二)学习和研究的经常性

经常性是指这种学习和研究只有时时进行,才有可能化为内心信念。这就意味着传统的课堂学习的方法不足以满足法律职业道德教育的需要,这种学习应体现在其生活的各个层面,使法学专业学生在学习的全过程都能受到法律职业道德的熏陶。如利用学生社团开展各种活动,寓道德熏陶于各种活动当中;再如充分发挥学校学生工作的长处,将职业道德教育体现在对学生的日常教育和管理之中;再如创造良好的校园文化,以校园文化影响学生的道德观念。

总体来说,所谓学习的经常性就是突破课堂学习的有限性,形成时时学习的氛围和条件。这是一个系统工程,需各方的共同努力。如学校应提供良好的硬件设施,使学校环境能体现出相应的理念;再如在新的形势下还应注意新的情况和条件,在当前网络成为学生沟通交流的重要途径的情况下,充分利用网络开展经常性的法律职业道德教育已成为新的课题。

尽管课外学习对于法律职业道德的形成有重要作用,但不可否认的是,课堂学习还是法律职业道德教育的主要途径。然而值得注意的是,课堂教育也存在经常性问题。在突出专门课程的课堂教育之外,还应将法律职业道德的教育渗透到法律教育的各个学科当中,即所谓寓法律职业道德教育于法学学科的教学之中,如诉讼法教育之中就时时会体现和涉及法律职业道德问题。从实践情况看,学生从各门法律课中感受到的职业道德准则甚至可能超过专门的法律职业道德课。如何在法学学科的课堂教学中体现法律职业道德教育，如何把如何做人、如何做法律人的教育渗透到各门课程的教育当中，是法学教育工作者应当着力研究的。

（三）学习和研究的实践性

法律职业道德学习的重点不在于知，而在于行。没有行的反复印证和强化，法律职业道德准则很难真正深入内心，成为内心信念，进而指导行为。这种实践性包含两个方面的含义：一是通过社会实践，接触社会，真正了解和感受活的法律职业道德规则的存在和运行情况；另一方面是通过接触社会，印证、强化或修正已获得的法律职业道德知识。如果仅是从知识角度的学习，没有实践性的、反复的学习、印证、强化或修正的过程，法律职业道德准则就可能仅是以知识的形态存在于受教育者心中。多年来我们把批评只会考试不会应用的学生称为“高分低能”，借用这句话，我们可以把只有道德知识而没有道德行为的人称为“高知低德”。

实践性的重要还表现在道德不同于其他知识，树立某种道德观，不仅需要理性的学习，还需要感性的感悟，这种感悟只能靠社会实践获得。学生接触社会，会切身体会到社会的实际状况，体会到法律工作和法律人的实际状况，这都是在课堂上教师无法传达的信息。我们通常说要在实践中磨练自己，实际上就是表明许多观念和品格是要通过实践的感悟才能形成的。

法律工作是处理人与人关系的工作，法律职业道德实质上也体现为如何处理与各种人的关系，如何处理与各种人的关系与其说是知识，不如说是技巧。这种技巧的获得更重要的应该是通过实践，通过与人的真正的接触，只有这样才能体会到与他人关系的处理准则。

第二章　法律职业道德教育

第一节　法律职业道德教育概述

一、法律职业道德教育的含义

法律职业道德教育是法律教育的重要内容，是内化法律职业道德理念、提高法律人职业素养的社会活动。法律职业道德教育开始于法律职业准入前，即接受法律教育的同时就开始了法律职业道德教育，同时存在于法律职业活动的全过程。因此法律职业道德教育既是专业教育，同时也是终身教育。

法律职业道德教育的内容主要取决于对职业法律人范围的界定。如前所述，法律人有广义与狭义之分，广义的法律人是指直接从事与法律有关的各种工作人员的总称，包括法官、检察官、律师、公证员、法律教学研究人员及其他从事与法律相关工作的人员，如行政工作人员，基层法律服务人员等。狭义的法律人仅指法官、检察官和律师三种典型的法律人。在讨论法律道德教育时必须根据对法律人范围的界定来确定法律职业道德教育的范围。前文已将讨论的范围确定在狭义的法律人范围之内，法律职业道德教育的讨论也应界定在此范围内。因此，法律职业道德就是指法官、检察官和律师作为专职从事法律职业的人所应遵循的道德规范和行为准则，法律职业道德教育就是以法官、检察官和律师的职业道德教育为主要内容的教育。

法律职业道德教育的特点主要是由法律职业的特点和法律职业道德的内容决定的。法律职业的特点一方面表现在它是运作法律的职业，公众会将对法律公正性的期待映射到法律人身上，因此从道德上看，对法律职业期待远高于对其他职业的期待；另一方面，法律职业必须具备与法律相应的运作逻辑，而这种逻辑往往不同于公众所持有的思维逻辑，法律职业道德必然受到法律职业人思维和行动逻辑的影响，而与公众的期待存在差异。从法律职业道德的内容上看，它涉及法学理论、司法制度、诉讼制度、伦理学等多个法学和非法学学科，这使得法律职业道德的内容具有综合性和复杂性，单独从某一个学科来理解或解释都可能出现偏差，而必须从整体上和精神上理解法律职业道德的规则和要求，这对法律职业道德教育有了不同于其他教育的要求，如更强调与各学科结合的综合性，更强调内化为内心信念而非掌握知识等。

二、法律职业道德教育在法律教育中的地位

（一）法律职业道德教育在法学教育中的应有地位

法律职业道德教育的重要性表明，在法律职业的各个阶段，特别是专业教育阶段进行法律职业道德教育具有十分重要的意义：首先对于实现法治化、提升全社会道德水准有重要意义；其次对于法律职业共同体的形成有重要意义；最后可以使法律职业者学会用自觉遵守法律职业道德的方式进行自我保护。由于法律职业本身的特性，使得从事法律职业的人经常处于各种纷争当中，会经常面对复杂甚至艰险的局面和不易判断、不好处理的道德问题，稍有不慎，就可能损害职业形象，甚至葬送自己的前途，而严格遵守法律职业道德是最好的避免职业风险、进行自我保护的手段。但是，要想很好地遵守职业道德，除了用意志克制和约束自己以外，还要通过教育使从事法律职业的人认识到法律职业道德既是对职业行为的约束，同时，也为职业中的每一个人提供了基本的保护方法。建立这种意识以后，就会自觉遵守职业道德，自觉纠正不当行为，并抵制来自职业内外的各种干扰。

1. 实现法治化，提升全社会道德水准有重要影响

实现法治化，有赖于全社会树立相应的法治观念，而公众法治观念的习得与其说有赖于法治宣传教育，不如说有赖于法律人的活动和行为。对于普通公众而言，不可能也没有必要掌握精深的法律知识，而法治国家的基本要义是国家和社会在法律的框架下运行，公众如果不能理解和接受法律的运行逻辑，就没有办法理解法治下的国家和社会状态，在这种背景下，法治是无法实现的。中外的理论和经验都表明，普通公众对法律和法律精神的认知多半来自法律人的行为，来自法律人在处理与公众相关的法律问题时所表现出的态度和精神，来自法律人在处理其专业法律问题时所奉行的价值观。而法律人所奉行的价值观正是法律职业道德的核心内容。可见法律人的职业道德观对全社会法治观念的形成有引领作用。提升全社会道德水准，使其符合法治化的需要，加强对法律人的职业道德教育非常重要。

2. 对构建职业共同体有重要影响

法律职业道德是法律职业人必须具备的基本素养。一般认为法律人应具备的品质包括：掌握专门的法律知识和法律技能；特定的法律思维方式；专门的职业道德规范。法律职业道德与法律职业人的素养追求紧密相连。从法律职业发展史来看，是否存在法律人职业道德被认为是法律职业产生、存在与否的标志之一。有学者认为，法律家的职业技术是一种有意识地排斥道德与政治等诸种法律之外因素的“人为理性”

或“技术理性”，需有特定的与其相符的道德准则对其调控，否则“人为理性”或“技术理性”会因其与“自然理性”的差异而为公众所拒绝，进而法律职业也会为公众所否定。因此需要职业道德来保障其“人为理性”或“技术理性”具备基本的正当性。法律职业道德的形成就成为法律职业形成的一个重要标志，没有法律职业道德的社会是不存在成熟的法律职业的。

3. 对培养高素质法律人有重要作用

谈到高素质法律人，首先涉及什么才是高素质法律人，涉及法学教育的目标。一般认为法律人属社会精英阶层，法学教育应属于精英教育，在选拔、培养诸方面有别于普通职业教育，它是面向少数人的，是高度专业化和技术化的；也有人认为法律人是普通的职业人，法学教育的目标应着眼于职业教育，定位在培养适应社会需求的职业法律人才，法学教育的目的在于对学生进行职业训练，使其掌握实践技能，能够处理实践中遇到的各种问题。从这个意义上讲，法学教育和其他职业教育并无实质性差别；也有人认为，和高等学校其他专业一样，法学教育是一种通识教育，其目标是培养具有良好素养的社会人。

尽管存在不同的说法，对于法学教育担负的任务的认识也各不相同，但相同的是，大家都认为，法学教育应把树立职业道德观念作为一项重要内容。达成这样的共识，一方面是基于近年来法律职业人群体的状况不能令人满意，大家都认为重要原因是职业道德的缺失，因此近年来，法院、检察院和律师也都把提高人员素质作为加强自身建设的目标之一，而提高人员素质的主要内容就是提高职业道德水平。另一方面从道理上讲，法律职业人要想实现法治，获得社会尊重，就必须恪守法律职业道德，以职业道德规范自己的行为。

4. 对完善法学教育有重要影响

法学教育应包括对未来法律人法律知识的传输、法律技能的训练、法律思维的培养和法律职业道德的养成。当前法学教育存在诸多问题，对法律职业道德教育的忽视是其中之一，这时的法学教育呈现出不完整的状况，亟待完善。

从法学教育具体的内容和方法上看，法学教育中与法律职业道德相关的问题也有两个方面。一是教育内容与实践脱节严重，法律职业道德教育中，一个极端就表现为把职业道德单纯作为一种知识来传授，忽略道德问题重要的不是掌握知识而是要内化内心信念这一基本规律；另一个极端则表现为把职业道德作为一种塑造完美人的高限要求，使人产生敬仰感，但无法成为实际工作中必须奉行的准则。二是法律职业道德教育与法学其他学科教育脱节，仅有法律职业道德可来完成职业道德教育，忽视了职业道德教育的经常性和复杂性，忽视了其他法学课程当中也包含着大量的职业道德训练内容。因此，加强和完善法律职业道德教育对于完善法学教育体系，进而塑造良好的法律人具有重要意义。

(二)法律职业道德教育实际存在的问题

与法律职业道德教育在法学教育中应有的地位成为对比的是,法律职业道德教育的实际地位并不令人满意。问题主要表现在法律职业道德教育的定位不准;法律职业道德教育的内容不清;法律职业道德教育的方法陈旧;法律职业道德教育的人员缺乏专业性等多个方面。

1. 法律职业道德教育的定位不准

传统上人们总是认为,法学教育的主要任务在于传授法律知识,而道德教育并非专门的专业性教育,而属于思想道德教育类别。近年来尽管有所变化,大家认为法律职业道德教育属于法学教育的一个组成部分,但是仍然将其归到辅助性而非主干性课程一类,仍然把法学教育的主要内容定位于法律知识和法律技能。这种定位对法律职业道德教育影响极大。法律职业道德教育中存在的其他问题,如法律职业道德教育的内容不清,法律职业道德教育的人员缺乏专业性等实际上都根源于此。

2. 法律职业道德教育的内容不清

就法律职业道德课程的内容而言,一般限于对法律职业道德规范条文知识性讲授,而这些知识一般也仅限于相应的法律和其他文件规定的内容,或者司法考试涉及的内容。这表明法律职业道德教育的内容是跟在相关文件后对文件的注释,而缺乏从法学学科本身的规律和特点角度对法律职业道德内容的研究和讨论。更有甚者许多内容甚至不是对规范性文件的注释,而是对某项政策甚至是临时性政策的注释,这种教育进一步破坏了法律职业道德的专业性、完整性和独立性。

3. 法律职业道德教育的方法陈旧

法律职业道德的教育方式仍然沿用传统的传授知识的方式,以课堂教学为主,以教师讲授为主,较少采用其他多样化的、符合道德培养规律的传授方式。这一方面是因为传统教学观念的影响,另一方面也和相关学校和教师没有准确把握法律职业道德教育的定位,缺少投入有关。例如采用讨论、案例、模拟及实践等方式教学必然意味着学校物质方面的投入和教师精力方面的投入。在法律职业道德教育的地位和重要性被充分认识之前,显然大家是不愿意做这样的投入的。

4. 法律职业道德教育的人员缺乏专业性

一般而言,在高等学校中并没有专门从事法律职业道德教育和研究的教师,这是因为迄今为止,法律职业道德在法学教育中还不是一个专门的学科。也没有人认真研究过,从事法律职业道德教育的教师应具备什么样的知识结构和知识体系。目前担任法律职业道德教学的,一般是从事法理学或从事伦理学或从事司法制度研究的教师。这些教师都有自己的主要研究方向,法律职业道德并非其教学或研究的主要领域,一般只在自己主学科之外对法律职业道德给予一些关注,这对其传授的法律职业道德内容的深度和广度必然有影响。而且这几类教师的知识结构差异非常大,其所传授的法律职业道德从内容上到方法上也必然存在很大差异。这对于法律职业道德教育也是非常不利的。

第二节 法律职业道德教育的任务

法律职业者必须知道自己的责任，知道一个社会的法律事务应该如何来完成。具体地说，他应该知道道德是关于是非、善恶的判断，它不同于美丑、真假、神圣和世俗、称职和不称职等价值判断；知道决定职业行为对错、好坏的标准，以及证明职业行为和道德主张为正当的适当理由；知道职业上的“善”为何物，其依据何在；知道在面临道德争议时如何形成自己的立场，将不同的道德理由整合为连贯一致的形态，以及解决道德争议的办法是什么。

在前述内容中我们反复强调，法律职业道德是法律职业的一个构成性因素，和法律知识、法律技能、法律思维方式共同支撑法律职业的大厦。法律职业道德是法律职业者在自己的职业活动中应该遵循的判断是非、善恶的准则。就法律人而言，缺乏法律职业道德，就不能成为法律职业共同体的一员；就法律职业共同体而言，没有法律职业道德，就不能够成为一个完整的法律职业共同体。由此可以看出，法律职业道德教育的任务非常重要也非常艰巨。

我们可以把法律职业道德、法律知识、法律技能和法律思维方式称为法律人应具备的法律职业素养。而一个国家法治化程度与法律人的法律职业素养密切相关，二者应当相互适应、相互促进。专门的法律教育是塑造和提高法律职业素养的唯一途径，之所以说是“唯一途径”，是因为这种素养是一种不同于大众的“自然理性”的专业化的“人为理性”，不可能在实践中靠自学、靠摸索而形成完整的职业素养。法律职业道德作为法律职业素养的组成部分，其形成规律也是相同的，即只能靠专门的法律职业道德教育，与专门的学习过程相结合才能理解和形成。同时应注意的是，只有把法律职业道德教育和法律教育的其他内容结合起来，才有可能完成教育任务，达到教育目标。这是因为法律教育提供的系统的法律知识、技能和思维方式为法律职业道德教育提供了专业性基础，对法律职业道德准则的理解和掌握必须建立在这种专业性基础之上；反过来，对法律精神的把握，对法律信仰的确定，对法律人行为准则的理解又对法律知识、法律技能和法律思维方式的掌握产生方向性、指引性的影响。

就法律职业道德教育而言，一般认为，法律职业道德教育的任务在于培养有职业道德的法律人，即通过法律职业道德教育，使法律职业者成为具有与职业要求相适应的职业道德的个体，使法律职业群体成为具有特定职业道德的群体。法律人职业道德养成的任务主要由专门的法律职业道德教育来完成。

同时也应注意到，法律职业道德的形成还受到多种因素的影响，如社会普通道德状况，法律职业道德教育在促成法律人道德认知方面有突出的作用，但在促成道德内化方面的作用受其他因素影响则较大，如当前社会中人们特别是法律人实际的行为状态和行为准则。因此应充分注意到法律职业道德教育的重要性和存在的不足，合理地确定其任务定位和教育内容，以期达到最好的教育效果。

具体来说，法律职业道德教育的任务包括针对法律职业人、针对法律职业人群体和针对法学教育等三个方面。

一、针对法律职业人而言

(一)传授作为知识的法律职业道德准则

道德和法律职业道德都有其特定的标准和内容，遵守这些道德准则的前提是了解其内容，因此法律职业道德教育首要的任务就是向未来的法律人传授作为知识的法律职业道德准则，使其产生道德认知。

对法律职业道德的认知，是从事法律职业活动必然的需要，是法律人必须具备的最低限度的能力要求。

道德认知有非常广泛的内容，需专门讨论，本书要讨论的主要是法律职业道德认知的主要内容。在上一章节已有阐述，一般认为，法律人的道德认知，主要应包括两部分内容：一是法律职业道德的特性及其与法律职业的关系的认知，如法律人从事特定的法律工作时应遵循的道德准则；二是对法律职业道德准则本身的认知，如衡量一个特定的职业行为好坏的标准。

(二)使法律职业道德准则内化为内心信念

法律职业道德教育应该通过对法律职业道德内容的教育，首先使法律人对这些准则有所认知，其次还应促成这些准则内化为法律人内心的信念，具体地说，就是使法律人建立职业信仰，形成职业荣誉感，进而自觉遵循职业道德准则的要求。

法律职业有较强的专业性，法律的职业活动和法律人职业群体也因此具有较大的独立性和自治性。在这种情况下，职业道德成为调整法律人之间、法律人与社会之间的关系，建立法律职业群体的信誉的重要规则。

道德教育与普通教育最大的不同之处就在于道德教育应促成道德准则的内化，因此，在教育的基本思路、教育内容、教育方式等方面都有许多特有的特点。

二、针对法律职业人群体而言

(一)传承法律人职业共同体的职业精神

从事法律职业必须具备职业精神，而法律职业精神的核心就是追求法律公正。法律职业是一个自治的职业群体，其自我管理的主要方式就是确定和实施职业道德准则。因此法律职业自治实质上是一种道德自治。而道德的特点决定了它不能简单地通过制定来产生，只能通过长期积累，逐渐形成。因此，一代一代的传承和发展就成为法律人职业共同体所信奉的道德准则得以维系和发展的重要途径，而专门的法律职业道德教育正是传承法律职业道德的重要途径。

（二）促进法律人职业共同体职业自治

社会对于法律和法律人职业共同体总是有着较高的道德期待，正像社会对于教师和教师共同体总是有着较高的知识期待一样。用通俗的话说就是，“你是法官，你应该更公正”正像“你是老师，你应该有更多知识”一样。但是法律人同时也是普通人，也有普通人具有的情感，具有普通人的弱点。法律人职业共同体的意义正在于，法律人进入职业活动总是以法律人职业共同体一员的身份进入的，这就必然要受到法律人职业共同体所尊奉的道德准则的约束，这种约束就使得从事职业活动的法律人不再是普通人。这就形成了法律人的一种受职业道德约束的身份意识，这种身份意识对法律人构成了一种约束，使之保持警觉和自我批判，以自觉维持自身作为法律职业代表的荣誉。职业荣誉感和身份意识反过来又要求法律人遵循法律职业道德。实践表明，在法律人职业共同体及其职业道德较为完善的情况下，法律人会更多地受到同行的压力，这种压力对保证法律人的行为符合职业道德要求的作用甚至超过法律规则。也就是说，当一个法律人的行为违反职业共同体公认的道德准则时，会受到来自职业共同体的一致鄙视，这种鄙视会使其在职业共同体中难以立足。

由上述论述可以看出，在法治社会中，法律职业群体是一个享有高度自治性，并享有较高社会信誉度的精英团体。职业道德是保障一个高度自治的群体能够拥有较高社会信誉度的重要条件。也就是说，一个职业群体社会地位的高低，取决于它所尊奉的道德准则在多大程度上能够得到社会的认可，或者说取决于社会对它的道德评价。法律职业道德教育的重要内容就是通过教育法律人，维系其价值观，传承其价值标准，进而以良好的道德形象服务于社会，并得到社会的认同和尊敬。只有这样法律人自治共同体才有可能维系下去。

三、针对法学教育而言

对于法学教育本身而言，法律职业道德教育是促进法学教育进一步发展完善的重要环节。

如前所述，法律人职业素养包括法律知识、法律技能、法律思维方式和法律职业道德等方面，法律职业道德教育的发展无疑会促进法学教育整体的发展完善。

与普通道德不同，法律职业道德有其自身的逻辑，这种逻辑来源于法律职业本身，与法律知识和法律技能的逻辑相同，而与公众所理解的生活逻辑有所不同，即所谓“人为理性”或“技术理性”与“自然理性”的差异。法律人没有经过专门教育，不可能形成系统的法律职业道德素养。显然法学教育中，如果只考虑到法律知识、法律技能和法律思维方式，依照“人为理性”或“技术理性”的思路对法律人进行培养训练，而忽略法律职业道德；或将职业道德排除在“人为理性”或“技术理性”之外，依照“自然理性”来培养职业道德，这种教育都是不完善的，以此模式培养出来的法律人也必然是有缺陷的。

就当前情况看，法律职业道德的教育并不令人乐观。法律职业道德的教育一直为法学教育所忽视。对于道德培养，更多地依赖于普通的道德教育，缺乏对法律职业道德教育重要性和对法学教育的影响的充分认识。当前的法律职业道德教育，在内容上较为空泛，在方法上仍以传授知识的方法为主，难以达到养成法律职业道德素养的目的。法律职业道德教育不仅应体现在专门的法律职业道德课程当中，而且应体现在法律教育的各个环节，应伴随着接受法律教育的过程而进行的。由此可见，法律职业道德教育的完善和发展对于法学教育的完善和发展具有重要影响。

第三节　法律职业道德教育方法

如前所述，法律职业道德教育主要体现在专门的法学教育过程中，同时也会延伸至法律人法律职业活动的全过程。因此专门的法学教育是法律职业道德教育主要途径，在这个阶段所采用的方法对法律职业道德教育的整体有着至关重要的影响。

一、法学教育中的法律职业道德教育方法

(一)设置专门课程

从我国情况看，当前的法学教育课程体系中，一般会安排专门的法律职业道德课程，多数学校为选修课，也有部分学校安排为必修课，在法律硕士教育中也有将此课程安排为实践课程的。

法律职业道德作为一门独立的课程纳入法学教育的课程体系之中是培养学生的道德认知、实现有效法律职业道德教育的前提。一定的法律职业道德素养的造就，是从对法律职业道德的认知开始的。在法学教育中开设法律职业道德课程，向学生系统传授法律职业伦理知识，突出法律职业道德的核心理念，诸如坚持法治，声张正义，忠于事实，忠于法律等内容的教育，从而使学生了解法律职业道德的原则、规范和评价标准，可以为学生道德情感的形成奠定认识基础。特别是在目前人们还普遍轻视法律职业道德教育的情况下更具有现实意义。它可以唤起人们对法律职业道德教育意识，将法律职业道德作为法学教育推进法律职业化的基本价值之一。它还可以激发人们对法律职业道德研究的兴趣，进而建立科学的法律职业道德教育的学科体系。

（二）探索新的教育方法

传统上法律职业道德教育的方法总是以课堂教学为主，这种方法适合于法律职业道德认知。如果把法律职业道德教育定位于法律职业道德认知的话，这种方式是较为适宜的方式。也有学者认为法律职业道德教育的目标不在于直接造就职业上的“道德人”，而在于促进对法律职业道德的认知。这样可以避免将法律职业道德教育的作用泛化，以致将法律职业道德建设的复杂性和丰富内涵简单地归结为“道德教化”，误以为法律职业道德教育就是法律职业道德建设的全部。同时，也只有这样，法律职业道德教育才会有合理、饱满的内容。然而多数学者认为，如果以法律人所持有的“人为理性”或“技术理性”而言，非经专门训练，无法形成，那么法律职业道德如果不经专门的法学教育，同样无法形成。法律实践中的实践活动虽然是重要的，但不能替代专门的法律职业道德教育，不能形成系统和完整的法律职业道德观念。我们仍然必须探索适应法律职业道德教育自身特殊性的教育方法，以实现相应的教学目的。其关键在于以何种方法突破以课堂讲授为主的知识传授的方法。在这种背景下，许多学校开始了多种探索，其中“法律诊所教育”是较为成功并值得推广的一种方法。

法律诊所教育起源于美国，是20世纪60年代在美国法学院兴起的一种新型的法学教育方法。这种教学方法已引起包括中国在内的各国所关注，成为当今世界法学教育改革的重要尝试。它的教学目标是培养学生具备从事法律工作必备的职业道德，帮助学生学会如何从实践中学习法律知识、办案经验和综合处理疑难问题的职业技能。课程分为课堂内和课堂外两部分。课堂内主要演练与方法介绍相关的实体法与程序法，进行模拟案例操作，进行协商、谈判等基本技能的训练。这种训练是综合性训练，学生在参与案件操作，进行协商、谈判的过程中，不仅受到专业知识和技能的训练，也同时受到职业道德的训练。课堂外训练通过给学生提供代理真实案件、接触当事人的机会，让学生参与办理真实案件的全过程，并以学生为主，由学生具体操作办案步骤，教师针对学生代理案件中遇到的问题给予适时、必要的指导，借以传授和培训学生有关法律实践的基本技能。

浙江工商大学法学院也进行了多年法律诊所教育的实践，以我们的经验看，法律诊所教育对于法律职业道德教育的意义是非常显著的。主要体现在三方面，一是有效地将法律职业道德教育与法律专业教育结合起来。如在模拟办理一个或模拟谈判的过程中，既要用到相关的职业知识能力，又要把握在处理案件和问题的过程中，以何种姿态与各方人士交往沟通，以何种理念处理过程中的各种问题等。二是有效地把知识传输和实践印证结合起来。学生在认知一个职业道德理念之后，立即通过实践活动得到印证，并根据印证情况强化或修正道德认知，这一过程反复多次，最终较好地达到将法律职业道德内化为内心信念的目标。三是课堂外的活动促使学生理解法律职业的属性和法律职业道德准则。学生们通过实际参与法律咨询、法律援助等活动，可以感受到法律人之间，法律人与社会之间的相互关系和行为准则，从而理解并树立职业共同体的共同价值观，树立与社会沟通交往的职业准则和素养；课堂外活动还使学生从情感上体验了法律人在职业活动中的观念和情感，体验了法律职业活动和法律职业道德之间联系又冲突的复杂关系，也从实际的活动中体验了社会正义和法律正义的关系。从道德形成规律来看，这些道德体验所产生的影响远大于道德认知。

除法律诊所教育以外，即使课堂教育，也有许多新的方法可以借鉴。如许多学校在课堂教学方法上采用了讲解、角色扮演、分析讼案记载、假设问题讨论、录像以及邀请实践部门或相关学科的嘉宾参与等方式，以体现法律职业道德教育的综合性，加强道德体验。也有学校提出，在发挥专门课程主渠道作用、增加社会实践机会、改革考试方法的同时，注意在其他专业课程中渗透法律职业道德教育。也有学者强调，通过课外的校园文化建设将法律职业道德教育推入学生的日常学习和生活中，如开展多种形式、丰富多彩的课外兴趣小组、各种社团活动、专业技能比赛等，以发展学生的个性特长、培养学生的良好道德情操、意志品质和生活情趣，以及培养良好的职业道德行为习惯。另有人强调教师的重要性，认为发挥教师职业道德情感的感染力是又一个重要的教育途径；教师可以用言行一致的表率行为去感化学生，成为学生学习的榜样和楷模，从某种意义上讲，教师道德行为的感染，对学生法律职业道德习得的影响甚至会大于课堂教育。

（三）其他国家可参考的经验

由于英美国家法律人在社会中独特而崇高的地位，近年来国内多有学者关注英美国家法学和法律职业道德教育制度，希望以此提升我们法律人的素养。

英国大学法律教育采用英国传统的导师制，每个学生都有自己的导师，导师一般都是学生所在学院的教师。通过这种导师与学生直接的教育，学生不仅可以在知识上受到导师的启发，更重要的是通过导师的言传身教，学生的人格也会不断地完善。

美国是世界上法律职业最发达也最具影响力的国家。美国法律教育主要是通过法学院进行的，法学院被认为是塑造整个国家、社会的重要力量。

在水门事件中，一些律师被报道卷入其中，他们遭到了法律界的严厉批评。随后，美国律师协会要求法学院开设法律职业伦理课程，96％的法学院开设了相关课程。尽管名称各有不同，如“职业责任”“法律伦理”“法律职业”等，但课程的主要内容都是向学生传授律师职业规范，主要包括法律职业规范与职业责任。

除法律职业道德教育课程外，还有专门的律师职业道德考试，美国大部分州现在要求法律毕业生在获得律师资格之前通过律师职业道德考试。考试一般采用标准化的模式，主要考查考生对相关律师职业规范的熟悉程度和对知识的掌握程度。

在柔性的教学引导和考试测试外，美国律师协会还强制落实违规的责任追究。美国律师协会对法律职业具有行业纪律执行权，有权执行职业责任的惩戒。同时，该协会对于律师的违规行为也有专门的检举人，他们专门调查委托人的投诉并作出一定的评价。对于律师的不良行为对委托人造成的损失，委托人可以通过诉讼的方式加以追究。

二、法律职业准入制度对法律职业道德教育方法的影响

当前，法律职业准入制度主要指司法考试制度。司法考试制度本身并不是法律职业道德教育的组成部分，但是其考试内容、试题设计、考核要求等却对法律职业道德教育有着极其重大的影响，许多大学法学院的法学教育从内容到方法都是以司法考试为标准设计的。

司法考试与法学教育的是一种互动关系，并且我们都希望是一种良性互动，也就是说，应该是相互适应、相互补充、相互渗透、相互协调的。法学教育应该是人才培养的源头、根本，法学教育是司法考试的基础和前提，司法考试应该是对法学教育成果进行检测的一种手段，二者各有所长，应相互促进。因此，司法考试应尊重法学教育的规律，在考试内容、考试科目、考试方式等方面与法学教育的目标和方法相协调，最终筛选出具备法律人素质的人才。另外，司法考试也确立了一种衡量标准，对法学教育的目标、方法以至发展方向都会产生重要影响，从正面讲对于完善法学教育、推动法学教育发展有重要意义。

然而实际情况并不尽如人意，当前司法考试的模式对法学教育的影响有积极的一面，如它强调法学教育的实践性和适用性，可以推动法学教育内容和方法向顺应实践要求的方向发展，特别是在方法上推动了法学教育由单向灌输向双向互动转变，由以理论传输为主的方式转变为实践训练为主的方式。

但同时也应充分注意到它消极的一面，中国法学教育的培养层次复杂，有本科教育、研究生教育、继续教育等多个层次，研究生教育又包括法学硕士研究生、法律硕士研究生、博士研究生教育等多个层次，在法律硕士研究生中又包括在职培养和完全脱产培养等不同形式。面对不同的法学教育层次，司法考试不仅应该重视专业知识的考核，更应重视对考生的基本素质，包括法律素质、人文素质、综合能力和职业道德水平的考查。一般认为，司法考试应该在法学核心课程的基础上，侧重对理论分析运用能力的检测，注重考查学生的基本分析能力，综合运用所学知识的分析问题、解决问题的能力，而现行司法考试重知识轻能力轻素养的倾向严重，多年来一直为法律界诟病。

法学教育与司法考试两者互动的契合点就是考试内容，如果把考试内容定位在法律知识上，则过去人们常说的法学专业毕业的硕士、博士通不过司法考试，而没学过法律的司机、清洁工等考生突击几个月便通过了司法考试的现象，便没有什么不正常了。

司法考试对于法学教育具有方向性的影响，是法律教育的指挥棒，许多学校把通过司法考试作为法学教育的目标，教育活动完全围绕司法考试进行，以通过司法考试

为法学教育的目的，以司法考试的通过率来衡量法学教育的质量和水平，太过功利性，突击强化就可以通过司法考试。这种重知识轻素养的倾向必然导致法学教育走向知识灌输的应试性方向，对培养法律人、构建法律人职业群体必然产生负面影响。

因此改革司法考试，使司法考试的试卷更具科学性，更有利于筛选出法律人，更有利于为法学教育提供正确导向也就成为改进法学教育方法绕不过去的话题。对此法律界也进行了多年的探讨，形成了一些有益的经验和成果。如增加主观性试题以促使在法律教育时注意培养学生分析问题和解决问题的能力；再如增加案例分析题以促进法律教育中增加案例教学的比例；还有对案例分析不仅要求理论分析，更强调证据分析，以促进法学教育中有意识地培养学生寻求证据、运用证据发现事实真相的能力等。

近年来也有学者提出，司法考试中应加大基础法学的比重，他们认为，与西方国家相比，我国法官总体素质较差，西方国家的大法官都是著名的大法学家，而我国法官则少有法学造诣精深的法学家。这种差距的产生，不在于部门法的操作技能，而在于法学理论素养。法律职业素质不仅仅包括对部门法专业知识的掌握，也包括对法律理念、法律思维和法律职业道德的养成。司法考试如果加大基础法学的比重，会对法学教育提供一个重要导向，促进法学教育内容和方法的变革，提高法律人的素养，提升整个国家的法治水平。

除了司法考试的内容对法学教育有重要影响之外，司法考试的方式对于法学教育也有重要影响。现行司法考试基本上采用像高考一样一考定终身的方式。这种考试方式的问题是明显的。如考试形式难以多样化，不能对考生进行全面测试；考生人数过多，基于阅卷公平性和效率性的要求，难以以主观题科学地考查考生的综合能力。这在客观上导致了司法考试以考核法律知识为主的弊端。如何克服这种弊端，许多人都在探讨。一些学者认为可以采用分阶段考试的方式，第一阶段进行基础知识测试，采用客观试题，机器阅卷的方式。第二阶段主要测试考生的理论思维能力和分析问题、解决问题能力，只有第一阶段的合格者才有资格参加第二阶段的考试。也有学者提出应提高参加司法考试的准入门槛，如必须经过法律硕士的培养。但迄今为止司法考试的方式还未有实质性的变化，还有待于进一步研究探讨。

第四节　法律职业道德教育的过程

一、法律职业道德的内化

（一）内化的含义

“内化”，是心理学界广泛应用的一个概念，指社会意识向个体意识转化，亦即意识形态的诸要素移置于个体意识之内。内化是一个过程，是一个将某种社会准则逐渐变成个体价值一部分的过程，表现为主体与主体外在的规范或准则的要求相互作用的过程，通过主体的能动反映——认知、体验与认同，通过主体内在的心理变化而实现的。

在道德教育方面，所谓道德内化，是指受教育者把一定社会的道德要求，转化为自身的内在需要并成为其行动指南。通俗地说，就是我们常说的，受教育者对德育的要求：入耳、入脑、入心，从而变成自己的行动。

综上所述，道德内化就是把社会道德标准转化为个人品德。也就是说，社会道德是外部的客体的东西，它是社会集体向人们提出的道德要求和行为准则，社会集体的每个成员都必须认真恪守。如我国提出的“三观”（世界观、人生观、价值观）、“三德”（社会公德、职业道德、家庭美德）、“三主义”（爱国主义、集体主义、社会主义）等，都是客观存在的社会道德。但这些道德不是人们生来就会具有的，也不是人们对它们有了某种认识之后就能成为自身所拥有的东西，只有外部的客体的社会道德通过心理活动转变为个体品德之后，才会使它们成为与己一体的“同化物”，即成为内部的主体的东西。

（二）法律职业道德内化的含义

法律职业道德内化，就是指法律职业道德对法律人的道德约束由他律向自律转化，使法律职业道德成为法律职业者道德意识组成部分的过程。只要道德主体尚未将道德准则内化为自己的道德品格，尚未完成从他律到自律的历程，那么道德准则就是不完全的，也就只是纸面上的道德准则而非行动中的道德准则。所以法律职业道德的内化通俗地说就法律职业道德从他律向自律转化。这一过程受法律人内外各种因素的影响。正因为此，不同法律人因所拥有的内外因素不同，在法律职业道德内化过程中常常表现出不同的状态，这也使得法律职业道德内化问题成为一个看似简单，而一旦追问起来却难以回答的一个极为复杂的问题。

法律职业道德内化的过程表现为，法律职业者对于法律职业道德的认识，逐渐由表层认知达到深层价值观念的转化，由强迫性遵守的消极情感到自觉遵守的积极情感，由被动的他律到主动的自律。而一旦内化，法律职业者对于法律职业道德的遵守，就形成思想和行为完全一致的状态。

二、法律职业道德教育中的内化

由内化的含义我们可以看出，法律职业道德的内化是一个复杂的心理过程。如果把法律职业道德教育的目的定位于促成法律职业道德内化上，其教育方式和教育过程就明显地不同于普通知识传授型的教育，而必须有特定的培养方法和途径。

有学者认为，从内化的要求看，学校教育不可能满足内化的需要，因此学校专门的法律职业道德教育只应定位于法律职业道德知识的传授上，而内化则是一个漫长和复杂的过程，应在其从事法律职业活动的过程中逐渐完成。

这种说法不无道理，法律职业道德内化确实有其不同于普通教育的特殊性。但是如前所述，法律职业道德是和法律知识、法律技能、法律思维紧紧连接在一起的，是法律人必备的素养系统的一个组成部分，因此不能将一部分内容从法学教育中剥离出来，留待以后在工作实践中逐步形成，否则法学教育就是不完整的，法律人的人格也是不完整的。

基于这种理解，法学教育中就必须着力研究如何在现行的法学教育框架中构建适合于法律职业道德内化的教育环境和教育方法。

三、法律职业道德内化阶段

一般认为，道德内化的规律在于知、情、意、信、行诸要素的相互作用。"知"是指法律职业道德知识教育，"情"是指法律职业道德情感熏陶，"意"是指法律职业道德的意志培养，"信"是指法律职业道德的信念树立，"行"是指法律职业道德行为习惯的形成。其中"知、情、意、信"是内在的，"行"是外显的。但这种划分更多地着眼于普通道德内化的规律，对于法律职业道德的内化而言，规律并不完全相同，如"意"是指意志，对于普通道德而言，意志是一种自觉克服一切困难和障碍的力量和精神，更多地表现为一个人的品德。但对于法律职业道德而言，我们关注的就不再是个人品德的高尚与否，而是是否形成符合法律职业要求的职业道德观念。因此，"意"在法律职业道德内化过程中就不是一个非常重要的因素和过程。

我们认为，法律职业道德内化的过程尽管十分复杂，但是从阶段上看，经过认知、体验、认同、遵守等四个阶段还是较为合理和科学的。这四个阶段并不是单向运行，而是不断反复、加深或修正直至最终形成某种价值观并自觉依此行事。这是复杂性的一个表现。另一个表现是，这种反复的过程是发生在内化主体的头脑中的，无法从外部直接观察到，对其是否内化以及内化的程度如何，只能根据主体的行为进行推断，教育者很难对被教育者的内化情况进行考核衡量，这种状态给内化教育带来了进一步的复杂性。

（一）内化阶段的具体分析

1. 认知阶段

法律职业道德内化的第一个阶段，是对法律职业道德准则的认知阶段。这是法律职业道德内化的基础阶段也是初步阶段。这个阶段的主要任务是了解和掌握法律职业道德准则的基本要求。在这个阶段，受教育者应该把法律职业道德准则当作一项专门知识，完整全面地掌握。从需要解决的问题看，这个阶段要解决的是如何使受教育者掌握法律职业道德准则，完成对法律职业道德准则由不了解到了解的过程，或者是由普通的感知到理性认知的过程。从方法上讲，在这一阶段，教育的主要方法与传授知识的方法无异，传统的课堂教学、知识灌输都是有效并可行的方法。

值得注意的是，对于知识的传输，即使是灌输的方法仍然不等于对规则简单的背诵，仍然需要有更深层次原理性的阐述分析，以深化对规则的理解。对于法律职业道德而言情况就更突出一些。道德准则在许多情况下并不是以确定的规则形式出现，而往往是以较为抽象的原则要求的形式出现，掌握这类准则就更需要理解其存在的背景和深层原因。因此在法律职业道德内化的认知阶段，只是传输的方法仍然有进一步探讨发展的余地。如有学者认为，道德作为一种内心的观念，有别于普通的知识，也不同于普通的技能，只能间接地教，诉之于情感地教。受教育者在情感或态度上的认同感是促成其接受知识的重要因素。因此在法律职业道德教育上应更多地考虑情感化教育。

2. 体验阶段

法律职业道德内化的第二个阶段，是对法律职业道德准则的体验过程。就知识传授而言，当受教育者了解了某种知识并铭记于心时，知识传授的过程也就完成了，这种传授的结果可以用考试等方式检验衡量。但法律职业道德不同，受教育者对法律职业道德准则有了了解之后，如果不能在实践中体验到法律职业道德准则的存在，这些准则对他来说就没有实际意义。因此在认知阶段之后，体验阶段就显得十分重要，它对于能否继续完成内化过程有很重要的影响。如当一个受教育者在接受了法律职业道德准则的认知教育之后，进入实践却发现，实践中在法律人群体中实际运行的道德准则与认知阶段所接受的道德准则存在很大差异，他会修正认知阶段的内容，或者也有可能他会放弃整个职业道德准则。反过来讲，如果他发现实践中实际运行的道德准则与认知阶段所接受的道德准则吻合度很高，他的职业道德认知会得到强化，进而逐步走向下一个认同阶段。再如对于律师而言，法律职业道德与其说是知识，不如说是经验，它是建立在律师与当事人关系的基础之上的，也就是说，职业道德准则是律师通过亲身经历形成和体验的，因此在法律职业道德的教育过程中，不经历体验过程，无法真正理解这些道德准则。

3. 认同阶段

法律职业道德内化的第三个阶段，是对法律职业道德的认同过程。经过反复认知和体验，如通过对法律职业道德准则的遵守或者违反，体验到了遵守法律职业道德获得尊重的快感或者被惩戒的痛苦，回过头来再来审视法律职业道德准则本身。这个过程反复多次，受教育者会在内心深处产生对某种价值标准的接受，或者说发自内心地认为某种价值标准是对的。经历了这样一个过程之后，一旦作出肯定性评价，就是对法律职业道德准则由认知达到了认同。达到认同以后，遵守法律职业道德的要求，会有一种满足感，感到遵守法律职业道德要求是一件快乐的事情。

4. 遵守阶段

法律职业道德内化的第四个阶段，就是法律职业的伦理要求已经变成法律职业人的内在品格，即稳定的品行和性格的组成部分。这里说的遵守，不是在外力压迫下的服从，而是在认同了这些准则后，自觉自然地依照这些准则行事。这是法律职业道德内化的最后也是最高阶段。达到这个阶段，法律职业道德的准则就不再是一种约束，法律人就再不需要依靠惩戒等外部压力来约束自己的行为，遵守职业道德准则已经成为个人的自觉行为。

法律职业道德教育的目标，也是法律职业道德内化的最终结果实际上就是要达到法律人自觉遵守法律职业道德的状态。如果说要有考核评价的话，只能以是否进入这种自觉遵守的状态为考核标准。当然，并非人人能够达到这个目标，也正因如此，我们才认为法律职业道德的内化是一个过程，而这个过程对于法律人来讲，是一个终身的过程，专门的法学教育中的法律职业道德内化只是其中的一个环节，尽管是一种最重要的环节，但法律人仍然不应该忘记，道德维持和提升是永远的任务。

第五节　影响法律职业道德内化的因素

人的道德观念、道德信念受不同文化背景、不同制度和不同教育的影响，同样，法律职业者也是在具体的社会环境中执业的，其道德状况及其内化过程和内化程度必然受社会各种因素的影响，同时，在不同背景和环境影响下成长起来的不同个体自身因素也不同，这些都对法律职业道德内化的过程和内化的结果产生不同的影响。这些影响可能是有益的，也可能是有害的。

影响法律职业道德内化的因素

研究影响法律职业道德内化的因素目的在于廓清法律职业道德存在和生长的环境因素、主客观因素等，为完善法学教育中的法律职业道德教育的方法提供支撑。

一般认为，影响法律职业道德内化的因素主要包括主体因素、内容因素、环境因素和途径因素等4个方面。

(一)主体因素

1. 法律人是法律职业道德内化的主体

法律人作为法律职业道德内化的主体，在法律职业道德内化过程中起着十分重要的作用。所有影响法律职业道德内化的外部因素都要通过法律职业者这一主体起作用，或者是积极的作用，或者是消极的作用，起什么样的作用和起多大作用，法律人自身的因素起着关键性的有时甚至是决定性的作用。

从哲学上讲，主体性是人作为主体时的特殊的本质的表现，它体现为人在历史中通过能动的、创造性的活动，在意识领域与实践活动领域中对客观事物的不尽探索和对意义、崇高的不懈追求。它包含着自主性、主观能动性、创造性三个要素，正是这三个要素使道德内化成为可能。

自主性是指在一定条件下人自主行使自己权利的意识和能力，是人的主体力量的表现和主体地位的证明。法律人的自主性是指法律人能对法律职业道德准则进行主动的认知、吸纳、转化，对其进行主动的评判、扬弃，对各种具有冲突性的准则进行主动的衡量、取舍。

主观能动性是指人在对象性活动中的目的性和选择性。主观能动性使认识和实践活动更具目的性和方向性。对于法律人来说，主观能动性能够使其获得选择与接受规范、评判行为标准和目的。

创造性是人的主体性的最高形式，显示了人对现实的改造和超越。创造性意味着法律人在法律职业道德内化的过程中，总是会超越对法律职业道德准则的认知阶段，进入对准则进行加工、创造，形成更适合个体的准则，继而形成自己的道德信念。

就法律职业道德教育而言，应当充分注意到主体因素的这三个方面，利用主体的自主性、能动性和创造性完成法律职业道德的内化。

进一步分析，如何利用主体的自主性、能动性和创造性完成法律职业道德的内化，影响因素又有很多。从内在因素来说，法律人的价值观、职业认同度、个人性格习惯等都有影响，从外在因素说，法律人的生存环境、社会道德状况等也都有很大影响。外部因素在后面讨论，这里先讨论内在因素。

2. 价值观的影响

从人的价值观的一般原理说，人的价值观是伴随着人的社会化过程形成的，也是人们在按照一定的价值判断去开展人生实践活动的过程中获得的，带有强烈的时代性和现实性。对于人生价值的态度，取决于价值目标和价值趋向。价值目标是人生目的、人生理想知识在人生价值观念中的体现，人生价值目标因人的不同需求也表现出高低不同的层次。人生价值观不同，也表现出不同的价值趋向。

就法律人而言，法律人的价值目标定位和趋向，在法律职业道德内化过程中，会有重要影响。如把个人财富的多少作为成功与否的标志和把服务社会作为价值追求的目标，所秉持的道德准则就会完全不同。在面对各种诱惑时，其行为方式也会有很大差异。从心理上讲，价值目标和价值趋向层次越高，法律职业道德内化程度就越高，内化的速度也越快。

3. 职业认同度的影响

法律人对法律职业、对法律职业群体、对法律职业道德准则的认同程度，直接影响其法律职业道德内化的水平。

一个人只有认同自己所从事的职业，才会按照职业道德的要求约束自己的言行。这种认同涉及三个方面：一是对法律职业本身的认同，二是对法律职业群体的认同，三是对法律职业道德的认同。

法律人对法律职业的认同要求法律人认识到法律职业对社会、对个人的意义；认识到法律职业本身的特点和要求；认识到法律职业对从事这个职业的人的要求以及法律人通过职业活动可以获得的物质和精神利益。法律人对法律职业的认同活动主要通过专门的法学教育来实现，因此法学教育的状况直接影响法律人的职业信念、职业兴趣和职业能力，对于法律职业道德的内化也有至关重要的影响。

法律人对法律职业群体的认同，对其将法律职业道德内化到何种水平有关键性的影响。个体对所属群体的认同状况，对其道德状况有重要影响。如果个体对群体状况的评价是肯定性的，就容易产生职业荣誉感和职业信念，他会因此珍惜职业声誉，维护职业利益；反过来，如果这种评价是否定性的，他的行为表现就容易和职业要求相反，就可能作出有损职业整体利益的行为。

法律人对法律职业道德的认同，意味着他发自内心地认为法律职业道德准则要求是正确的，因此他会自觉地根据这些准则行事。这种认同必须建立在上述两种认同的基础之上，反过来又对上述两种认同产生重要影响。首先法律人必须真正了解法律职业并且接受它，真正体会职业活动中的意义和价值；其次法律人身处法律职业群体中必须是具有自豪感和荣誉感的，必须是能够得到职业群体成员的认同的，在这个基础上他才可能产生对法律职业道德的认同感。反过来，对法律职业道德的认同，又是从事法律职业所必需的，它属于法律职业者必须具备的最低限度的能力要求。如果达不到这个要求，就个人而言，难以体会到职业活动的全部意义和价值，也不会为职业群体成员所接受。

当上述三种认同有较为和谐的关系时，法律职业群体就会处于较为稳定的状况。法律职业道德准则也就具有了一定的稳定性和有效性。就法律人个人而言，其法律职业道德内化也就可能达到比较高的程度。

4. 个人性格习惯的影响

这里所说个人性格习惯包含多方面因素，如个人性格上的勇敢与懦弱、个人自我控制能力、个人的喜好倾向等。

个人性格的影响是多方面的，如外向性格和内向性格对于外部刺激的接受程度和方式会有所不同，这对于法律职业道德的内化在内化程度、内化速度、内化方式等会产生多方面的影响。

自控力是人控制自己行为的能力。许多人并非不认同某种准则，并非在道德上自甘堕落，而是无法克制自己遵从准则要求；反过来如果有较强的自控力，这对于促成其人格完善有重要作用。

个人喜好倾向也是一个非常个性化的影响因素。从需求来说，马斯洛认为分为生理需要、安全需要、从属和爱的需要、尊重的需要、自我实现的需要。人的本能就是每实现一个层级的需要，就会同时产生满足更高层级需要的欲望。从人类整体来说，这种需求层次的分析大概是正确的。但是如果具体到个体，我们就会发现，个人的喜好倾向差异是极大的，这种差异对于某种道德准则的内化有着重要影响。例如当我们满足了生理需要、安全需要、从属和爱的需要之后，进入了尊重的需要，而如何获得尊重却因个人喜好倾向的不同有着极大的差异，有人希望通过获得并炫耀财富以得到尊重，有人则视财富为粪土，更关注形而上的需要并以此作为获得尊重的基础。这种个人喜好倾向对于法律职业道德内化的影响也是十分明显的，如从教育内容上看，用精神上无私奉献所获得的尊重和快乐来教育希望以财富来获得尊重的人，其效果就会较差。

另一方面，从制度和规则设计上看，如果法律人不能够从其谋生的职业中获得需要的多方面的满足，他就会通过职业以外的其他渠道去谋求这种满足，而这些渠道有可能是违反法律职业道德的。因此法律职业制度和职业道德准则本身也应该考虑到个人的喜好习惯，尽可能满足多数法律人的内心期待，只有这样，对法律职业道德的内化才可能产生正面影响。

（二）环境因素

环境因素是指法律职业道德存在的背景条件，也就是前面说的影响法律人职业道德内化的外部因素，这些背景条件或外部因素涉及许多方面，从宏观来说，如一个国家的政治、经济、文化状态等；从具体制度来说，如司法考试制度、律师制度等。例如政治环境的影响，政治环境是人类社会中一切政治要素及其运行所形成的环境，包括政治制度、政治体制和意识等。如在我国，人民是国家的主人。一切国家机关工作人员都应当为人民服务，这种政治观念极大地影响了中国法律人的道德观念，形成了与西方国家完全不同的核心价值观。再如在当前政策仍然有较大的影响力的情况下，法律人的职业道德观中会形成更多的关注案件的社会效果，其次才考虑坚守法律准则的价值观，这显然又与西方的价值观有很大不同。又如司法考试制度，现行司法考试制度更多地关注法律人的法律知识，并未形成较好的考核法律人职业道德素养的机制，在这种机制引导下，法律人对职业道德的追求只会更多的关注法律职业道德知识的掌握，而较少考虑法律职业道德的内化。其他如社会状况，社会当中人与人的关系状况等因素都会作为背景条件影响法律职业道德的内化。

下面以较为典型和主要的部分环境因素为例做一个简单说明。

1. 政治、经济、文化因素的影响

在经济方面，从一般宏观原理来讲，物质决定意识，经济基础决定上层建筑，因此经济因素对人的思想道德观念具有决定性影响，人的道德观念归根结底是当时的社会经济状况的产物；从微观层面来看，对经济利益的追求影响和推动着人的道德观念的发展，经济的发展也构成道德观念发展的物质条件。基于这样的理论认识，法律职业道德的内化也必须遵循这种规律，并在此基础上形成教育内容和方法。如许多人认为西方国家的法官都具有很高的法律职业道德水准，少有违法犯罪的丑闻出现，但往往

忽略了西方法官的物质基础和条件与我国有很大不同，在脱离物质基础和条件的情况下，讨论职业道德水准的高低，其结论一定是不准确的。

在政治方面，政治环境对人的思想道德观念有导向作用。从宏观角度看，国家的政治结构和政治状态对人的道德观念的形成和发展有支配作用；从微观方面看，政治各个层面的内容如政治人物的活动、政治制度的类型、政治文化传统等对人的道德观念的形成和发展有直接作用。上文已有一些举例，还可以举例如政治人物的风格，强硬或温和、威严或亲和，对特定时期社会道德观念都有重要影响。

在文化环境方面，一般认为，文化环境由经济环境和政治环境决定，是社会经济和政治的产物，为经济环境和政治环境服务，同时文化环境又具有反作用。文化环境的核心是社会占主体地位的价值观，道德观念实质上就是文化环境的组成部分。所以文化环境对于法律职业道德内化的影响，实质上也可以理解为社会主流道德观念对法律职业道德内化的影响。总体来说，文化环境对于影响人的道德观念，通过影响人的观念来凝聚与整合社会有着重要影响。

如在中国，杀人偿命是一种较为普遍的道德观，在这种文化背景下，刑罚被普遍地理解为报复，其目的在于造成加害方足够的痛苦。这样一来国际通行的减少以至废除死刑的观念和趋势在中国就很难成立。再如实事求是我国文化传统中的重要内容，从自然理性来看，按照事情本来的面貌来理解事情毫无疑问是正确的，但是法律遵循的是自身特有的人为理性，按照人为理性的逻辑，无罪推定有其重要意义和价值，它为我们构建一整套法律系统提供了观念基础。而无罪推定原则在中国长期得不到彻底的充分的尊重和认同，和我们文化背景中的实事求是原则有重要关系。如果不能在法学教育和训练中真正确立人为理性，就很难让法律人接受依据人为理性构建起来的道德观念。上述分析说明，文化环境对法律职业道德内化的内容有重要影响，同时也影响着法律职业道德内化的方法。

2. 法律因素的影响

法律因素包括法律制度的状况，法律职业道德的状况，法学教育的状况等多方面因素。

1)法律制度因素

法律人是法律的运作者，因此法律和制度本身是否完备、是否优良对于法律人的品格形成有重要影响，某种意义上可以说，法律塑造了法律人的职业道德。从法律职业道德的内化来看，法律制度及其运行情况对法律人法律职业道德内化的内容、速度、深度等有着巨大的和直接的影响。

法律制度对法律人职业道德的影响是多层次的，宏观上看，法律制度本身所秉持的观念对法律职业道德的内容构成了直接的影响；微观上看，某一项具体法律制度的完整性和合理性也直接影响着法律职业道德。宏观上的例证如前述的中国的人大制度和西方的分权制度的差异等。微观上如诉讼制度为法律人作用发挥提供的空间，法律职业准入制度对法律人职业群体状况的影响等。这些都影响着法律人对法律职业的态度，进而影响着法律职业道德内化的内容、速度和深度。

以 2012 年修改的《刑事诉讼法》为例，有人认为这在中国法治发展进程中是一个里程碑。这一里程碑对于法律职业道德准则的发展变化有着重要影响。如在刑诉法当中加入了“尊重和保障人权”，有人认为这是当年刑诉法修改的最大亮点，也意味着保障人权作为一项原则不仅会具体体现在司法制度的各项内容中，也会体现在法律职业道德准则中，会进一步要求法官、检察官更多地关注当事人以及律师权利。再如《刑事诉讼法》第 46 条规定：“辩护律师对在执业活动中知悉的委托人的有关情况和信息，有权予以保密。但是，辩护律师在执业活动中知悉委托人或者其他人，准备或者正在实施危害国家安全、公共安全以及严重危害他人人身安全的犯罪的，应当及时告知司法机关。”这一规定甚至直接就可以成为律师职业道德的渊源，为律师在处理和当事人的关系中所遇到的道德困境提供规则指引。

2)法律职业道德的状况

法律职业道德准则是否形成一个完整的体系，其运行机制是否完善都会对法律职业道德的内化产生不同程度的影响。

法律职业道德准则完整性的问题，以现行《检察官职业道德准则》为例来说明。现行《检察官职业道德准则》将检察官职业道德的基本内容概括为“忠诚、公正、清廉、文明”八个字，其系统性和完整性就值得讨论。如“文明”在检察官职业道德中到底是什么含义，它和普通道德对普通人的文明要求是什么关系。在《检察官职业道德准则》中将“文明”具体化为注重学习，提高素养；以人为本，人文关怀；注重仪表，举止文明，言行谨慎；团结、友爱、明礼、诚信；恪守公共道德，职业活动之外保持文明言行等 5 个方面，但其完整性和系统性仍然不够清晰，如 5 个方面相互的关联性是什么，5 个方面的要求和普通道德中的相关要求的关联性是什么等。体系的不完整对法律职业道德准则的运行有重要影响，对法律职业道德的内化也有重要影响。

《法官职业道德基本准则》在完整性方面也存在一些问题。如《法官职业道德基本准则》第 25 条规定：“加强自身修养，培育高尚道德操守和健康生活情趣，杜绝与法官职业形象不相称、与法官职业道德相违背的不良嗜好和行为，遵守社会公德和家庭美德，维护良好的个人声誉。”何为“不良嗜好和行为”，《法官职业道德基本准则》没有也无法界定，所以这一规定实际上无法操作。实际上问题的关键不在于情趣是否高尚，爱好是否良好，而在于法官不能把自己的某种爱好，哪怕是很高雅的爱好透露给当事人，所以，不是爱好是否良好的问题，而是不应该披露自己的爱好的问题。《法官职业道德基本准则》的这一规定实际上是混淆了职业道德准则和普通道德准则的关系。

在运行机制方面，以现行《法官职业道德基本准则》为例，到目前为止，我国有关法官职业道德行为的约束机制中，并不存在专门职业道德实施机制的制度和概念。可以引用的相关法律规范是《法官职业道德基本准则》第 28 条和《法官行为规范》第 90、

92、93 条。《法官职业道德基本准则》第 28 条规定:“各级人民法院负责督促实施本准则,对于违反本准则的行为,视情节后果予以诫勉谈话、批评通报;情节严重构成违纪违法的,依照相关纪律和法律规定予以严肃处理。”《法官行为规范》第 90、92、93 条规定:“各级人民法院要严格要求并督促本院法官遵守本规范,具体由各级法院的政治部门和纪检监察部门负责。”“地方各级人民法院应当结合本院实际,研究制定具体的实施细则或实施办法,切实加强本规范的培训与考核。”“各级人民法院广大法官要自觉遵守和执行本规范,对违反本规范的人员,情节较轻且没有危害后果的,进行诫勉谈话和批评教育;构成违纪的,根据人民法院有关纪律处分的规定进行处理;构成违法的,根据法律规定严肃处理。”这种运行机制的不完善对法律职业道德带来的影响是明显的,它使得法律职业道德在实际的运行中淹没在职业纪律等规范中,无形中降低了法律职业道德的作用,也必然影响法律人法律职业道德的内化。

3)法律职业群体状况

法律职业群体状况包括法律职业群体的人员构成、人员的背景和知识结构及专业能力、整体的经济状况和政治地位等各种因素,它们都会对法律职业道德的形成和内化产生影响。法律职业群体的整体状况在很大程度上决定着法律职业内部的传统和精神,而这些传统和精神对于塑造法律职业的道德有着强烈的影响。

从宏观上看,法律职业群体的整体状况取决于一个国家特定的历史文化传统,从某种意义上可以说是这个国家特定的历史文化传统构建了特定的法律职业群体,塑造了法律职业群体的核心价值观。如从西方来讲,法律职业的精神和传统中反抗行政权威的特点非常明显,在许多国家,正是这种法律职业的精神和传统凝聚了法律人,使法律职业具有某种对抗外界压力特别是行政压力的力量;但在中国,从传统上讲,行政权力一直具有压倒性和支配性的力量,在这种背景下,中国的法律职业群体与行政权力的关系便与西方大不相同,一方面它有对抗行政权力的一面,另一方面,甚至是更重要的一面,它只有协调好了与行政的关系,自身才能很好地存在和发展,因此法律人的职业精神中,对待行政权力,就更多地体现出协调的精神而非对抗的精神。

从微观上看,法律职业的整体状况对法律职业共同体内具体成员的职业道德内化有着直接的影响。

从社会与法律职业群体的关系看,我们可以把法律职业能在社会中扮演什么角色、起什么作用称为法律职业的社会认可度和权威性。如果法律职业总是臣服于其他权威,总是被当作工具来使用,社会会更认同它所臣服的权威和掌握这种工具的力量,法律人的社会地位便难以提升。在法律职业的社会认可度和权威性较低的情况下,法律职业道德要求法律人应担负天下兴亡的责任,树立维护社会正义的价值观很难有效果。

社会对法律职业群体影响还表现在其他多个方面。如社会经济地位问题,在当前社会收入分化较为严重的背景下,法律人能否获得较高的收入直接影响其社会地位和社会评价。如果在收入较低，经济地位不高的背景下大谈提高职业道德水平，大谈为了公共利益无私奉献，不可能有预期的教育效果。人们常常喜欢引用管仲的话来说明必须先有较好的收入和经济地位，然后才能来谈遵守某种道德准则的问题，即“仓廪实而知礼节，衣食足而知荣辱”。这样的观点是否正确或全面暂且不提，至少它指明了经济地位和道德准则之间某种微妙的关系。

再如，社会整体道德状况也对法律职业群体有重要影响。当社会诚信度较低，不诚实成为一种常态时，很难要求身处这个社会中的法律人保持高度的诚信状态，法律人职业群体的道德准则中诚信标准也会降低。在这种背景下，无论在教育上如何强调这一职业的神圣性，职业道德准则也不会因此提升。就像教师一样，在当前诚信度低下、一切向钱看的背景下，无论怎样褒扬教师，将其誉为“人类灵魂的工程师”，都不会在实质上改变教师的职业道德水准，多数教师依然只把这项工作当作一份谋生的手段而已。

另一方面，法律职业群体内部的状况也对法律人个人有重要影响。从心理学的角度讲，群体对个体的思想和行为可以起到积极或者消极的作用。如近年来常常出现的集体腐败现象，分析起来就是这种群体道德准则对个体道德和行为的影响。

法律职业群体整体的自身状况对法律人的法律职业道德内化有很大影响。有人将其称为法律职业形成和发展的内环境，法律职业群体有责任促进法律职业内环境的建设，这对于法律人的道德内化会有很大的促进。具体方式如建立和完善法律职业评价体系，对法律人的行为活动进行评价、监督和奖惩；树立职业典范，激发法律人道德的自觉性；有效利用惩戒的威慑力量等等。

4)法学教育状况

我们多次强调，法学教育是法律职业道德教育的最主要环节，法律职业道德教育是法学教育的重要组成部分，无法与法学教育分开教育。因此毫无疑问，法学教育对于法律职业道德的内化具有重要影响。

同时我们也注意到，现行法学教育没有很好地担负法律职业道德内化的任务。从实际情况看，大多数经过法学教育的法律人掌握了足够的法律职业道德知识，足以应付各种考试，但并不能保证自己的行为符合法律职业道德准则的要求。这种情况从我们这里分析就是没有完成法律职业道德的内化。前文已提到，也有学者据此认为，法律职业道德教育只能促进法律人对法律职业道德的认知，只能完成法律职业道德内化过程中的一个步骤，不能完全解决法律职业道德内化的问题，完成法律职业道德内化必须在法律实践的过程中。

我们认为这实际上从另一个角度说明，法学教育和法律职业道德教育对于法律职业道德内化的重要性。从我们的大学教育来看，普遍存在重知识轻技能更轻道德的倾向。表面上看也有各种道德教育，但内容上空泛，脱离实际，不能解决实际中的问题，方法上只注重知识的传授不注重道德教育的规律。在这种大的背景下，法学教育中的法律职业道德教育存在种种问题也就不奇怪了。法律职业道德教育在法学教育中总是处于边缘地位,大学法学院系中有不开设专门法律职业道德课程的;有只为司法考试而开设的,其教学内容围绕司法考试展开;有虽然开设,但课时很少的。从师资方面看,从事法律职业道德教育的师资也是参差不齐,没有专门从事法律职业道德研究和教学的教师。而没有专门从事法律职业道德研究和教学的教师的原因在于,从学科上看,法律职业道德始终不能成为一个单独的学科,因此也就没有教师会将法律职业道德作为自己研究的主要方面。与这种教育状况相应的是学生的状况,法学院系毕业的学生,对于法律职业道德的属性和要求的认识不完整,主要局限于司法考试要求的部分职业道德准则,换句话说,经过法学专门教育的法律人多数并没有接受法律职业道德系统的学习,更不要谈法律职业道德的内化了。当然情况也并非如此悲观,许多学校已经意识到这些问题,并且在积极地改进中,如前述浙江工商大学法学院以法律诊所形式进行的探索。

(三)内容因素

内容因素是指内化哪些内容,能够有助于法律人把法律职业道德准则要求变成自身品格的一部分。

法律职业道德内化的内容,从总体上讲就是法律职业道德准则的全部内容,只有将这些内容内化为内心信念,法律人的职业素养才是完整的。更完整地讲,法律职业道德准则的全部内容应该包括法律职业道德准则要求本身,法律职业道德准则的内涵和层次,法律职业道德准则的必要性和重要性,法律职业道德准则生成和存在的社会背景,法律职业道德准则和普通道德准则的关联关系,法律职业道德准则与法律知识和法律技能的关联,法律职业道德准则的实施机制等。只有将法律职业道德及与其相关的各种因素分析清楚,才有可能使法律人接受这些准则,进而内化为内心信念。

法律职业道德内化的内容我们将分别在后面的法官职业道德准则、检察官职业道德准则、律师职业道德准则等章节具体讨论。

(四)途径因素

途径因素是指通过某种手段和方式,把法律职业道德准则要求变成法律人的自觉意识。就法律职业道德教育而言,途径因素有更直接的影响。具体地说,所谓途径因素就是指法律职业道德教育的方法,如前述知识传授的方法,或者法律诊所的方法等。显然,如果没有合理的符合法律职业道德教育规律的方法,法律职业道德只能停留在知识层面,难以内化。

用何种途径把法律职业道德准则要求变成法律人的自觉意识的问题非常复杂,大家都在探索。如前所述,浙江工商大学法学院近年来采用法律诊所的方式做了一些探索并取得了一些成效。同样其他学校和学者也有许多尝试和好的经验。如有学者总结出道德内化的6条件,很有启发性。6条件包括情动条件、理喻条件、榜样条件、环境氛围条件、制约条件、评价条件等 6 个方面。情动条件指动之以情，他们认为以情激情，是激发道德情感的好办法；理喻条件是指晓之以理，让学生真正领悟道德准则及其执行意义；榜样条件，他们认为榜样在促使道德内化方面的力量是无穷的，因此应树立榜样，让榜样的魅力对学生的精神产生震撼；环境氛围条件是指营造适合于道德内化的环境氛围，如课外活动和学习环境的设计和营造；制约条件是指在正面教育的同时，还应注重对负面观念的批评和负面行为的处罚，以此强化正面道德准则；评价条件是指评价机制具有导向和激励作用，设计出合理的评价机制，对于加深道德认识，增进道德情感，促成道德内化有重要作用。

还有学者认为道德内化过程中自我教育具有至关重要的作用，因此必须充分调动学生的主动性，发挥其主体作用，完成道德内化。因此加强自我教育促成的内化的基本方法，也就是说要主动学习而不是被动接受。对道德的学习，是对道德准则的接受过程。这个接受过程，就是把主体之外的要求转化为主体内在行为需要的过程，通过学习，把外在的行为规范、道德价值体系不断内化，上升为道德信念。这个过程的完成必须靠主体的主动性。具体地说就是要经历自认、自省、自制 3 个过程。自认是对道德准则的自我认同；自省是自我评价、自我分析、自我强化的反复过程；自制是依据某种道德准则，对自我需要和行为的自我控制，这是道德内化的最高境界。

主体因素、内容因素、环境因素和途径因素等 4 个方面的因素并不是孤立的，各要素本身既相互影响，又交织在一起，共同作用于法律人，法律职业道德内化是各个因素相互作用的综合过程。法律职业道德内化也是一个长期的，受多种因素影响的复杂过程。

第三章　法官职业道德

第一节　法官职业道德概述

法官职业道德是法官在行使审判权，履行审判职能及其与此相关的活动的过程中，在职业范围内形成的道德准则和行为规范。

法官职业道德有其特殊性。

第一，法官职业道德的主体是法官。法官因其职业的特定属性使他所遵循的道德准则与其他人有明显区别。一方面法官的道德准则与普通人不同，如法官的正义观更强调程序当中的正义观，更加理性，而公众的正义观则更多的是直接诉诸情感的；另一方面法官也与其他官员的道德准则不同，如与行政官员的主动性相比，法官更要秉持被动、中立、保守的职业要求；再一方面，即使是法律人，法官也与其他法律人群体有明显的不同，因法官处于裁判者的地位，与律师相比，其言行的谨慎性要求就更高，职业道德要求有明显的不同。

第二，法官职业道德规范的对象主要是法官履行司法职务行为。法官的基本职责是审判案件，因此法官职业道德约束的范围主要也在于法官的审判活动。同时，由于法官的一些非职业活动在一定程度上也影响着法官职业的形象，所以一些与法官的职业形象直接相关的司法外活动，也受到法官职业道德的拘束。

第三，除职业道德的具体规范外，法官的职业道德观念也是职业道德的重要部分。法官职业的本质特征在法官的职业道德中得到了体现，其中有一些可以直接表现为行为准则、规范，而一些观念性的要求则难以具体化。例如审判独立、司法公正等，虽然有些具体的规范可以保障独立与公正，但对于法官来说，更重要的是牢固树立独立与公正的司法理念，时刻以此衡量自己的行为。即便是最详细的行为准则也不可能穷尽所有的行为方式而高尚的职业道德观念可以使法官成为明辨是非、善恶的指针。

第二节 法官职业道德的内容

法官职业道德的内容主要体现在相关的法律中,如《中华人民共和国法官法》。同时由于职业道德有着与法律规范不同的属性,法官职业道德的内容还反映在其他职业规则当中,如最高法院制定的《中华人民共和国法官职业道德基本准则》《法官行为规范》等,这些规范中的许多内容具有更强的道德性,其运作方式也与法律规范不尽相同,但由于其更具体、更明确,因此对规范法官职业道德起着更加重要的作用。

例如在《中华人民共和国法官法》中规定了对职业道德的基本要求。《法官法》第7条规定:"法官应当履行下列义务:(一)严格遵守宪法和法律;(二)审判案件必须以事实为根据,以法律为准绳,秉公办案,不得徇私枉法;(三)依法保障诉讼参与人的诉讼权利;(四)维护国家利益、公共利益,维护自然人、法人和其他组织的合法权益;(五)清正廉明,忠于职守,遵守纪律,恪守职业道德;(六)保守国家秘密和审判工作秘密;(七)接受法律监督和人民群众监督。"

而在《中华人民共和国法官职业道德基本准则》和《法官行为规范》中有更多更具体的对于法官职业道德的要求。例如《中华人民共和国法官职业道德基本准则》第3条规定:"法官应当自觉遵守法官职业道德,在本职工作和业外活动中严格要求自己,维护人民法院形象和司法公信力。"《法官行为规范》第5条规定,法官应"一心为民。落实司法为民的各项规定和要求,做到听民声、察民情、知民意,坚持能动司法,树立服务意识,做好诉讼指导、风险提示、法律释明等便民服务,避免'冷硬横推'等不良作风"。第8条规定,法官应"加强修养。坚持学习,不断提高自身素质;遵守司法礼仪,执行着装规定,言语文明,举止得体,不得浓妆艳抹,不得佩戴与法官身份不相称的饰物,不得参加有损司法职业形象的活动"。

因此法官职业道德的内容更主要更典型地体现在《中华人民共和国法官职业道德基本准则》和《法官行为规范》等规则中。研究和讨论法官职业道德的内容也应以这些规则为主要依据。

根据《中华人民共和国法官职业道德基本准则》和《法官行为规范》等规则,法官职业道德的内容主要表现在忠诚司法事业,保证司法公正,确保司法廉洁,坚持司法为民,维护司法形象等五个方面。

一、忠诚司法事业

忠诚司法事业主要包括信念忠诚、制度忠诚、事业忠诚和严守纪律四个方面。

(一)信念忠诚是指法官要牢固树立社会主义法治理念,忠于党、忠于国家、忠于人民、忠于法律。信念是人的灵魂，它表现在对事业的执着追求，是人们干事创业的精神支柱。而法官信念忠诚主要表现在对党忠诚，对国家、对人民利益忠诚，对法律忠诚。在我国具体的就表现为必须有坚定正确的政治立场，坚决贯彻执行党的路线、方针、政策，在思想上、行动上与党中央保持一致，自觉为党的基本路线服务，为全党全国工作大局服务，为人民群众服务。对有损于国家和人民利益的言行应当旗帜鲜明地予以斗争，并将这种信念表现在司法活动的实践中。

（二）制度忠诚是指法官应坚持和维护中国特色社会主义司法制度，认真贯彻落实依法治国基本方略，尊崇和信仰法律，模范遵守法律，严格执行法律，自觉维护法律的权威和尊严。法官的信念忠诚应表现在对法律制度特别是司法制度的忠诚，这是因为宪法和法律是国家和人民意志和利益的集中体现，是党的路线、方针、政策的定型化、法律化。法官作为国家法律的执行者和实施者，其政治觉悟就应表现在严守法律制度，坚持依法办事上。具体到法官审理案件，就是要根据自己对事实的判断和对法律的理解、适用，作出公正的裁决。在对案件整个审理过程中，一切依法办事，只服从法律，只对法律负责。

（三）事业忠诚是指法官应热爱司法事业，珍惜法官荣誉，坚持职业操守，恪守法官良知，牢固树立司法核心价值观，以维护社会公平正义为己任，认真履行法官职责。这就要求法官将法律理念贯彻到自己的每一个具体的言行中以维护法律权威。例如不在公开场合对司法中可能适用的法律进行负面评价，以避免公众对法律和法官公正性产生怀疑；再如只有坚守事业忠诚，真正热爱司法事业，才能做到《法官行为规范》第5条要求的“树立服务意识，做好诉讼指导、风险提示、法律释明等便民服务，避免‘冷硬横推’等不良作风”。只有法官时刻坚守对法律信仰，才能将法律精神铭记于心，法律才能不折不扣地被执行，法律的尊严才能根植人心，法律的宗旨才能得以实现。

（四）严守纪律是指维护国家利益，遵守政治纪律，保守国家秘密和审判工作秘密，不从事或参与有损国家利益和司法权威的活动，不发表有损国家利益和司法权威的言论。法官是国家审判权的具体实施者，肩负着维护国家利益，保障司法权威，确保法律良好运行的重大责任，因此严守纪律应是对法官的基本要求。

二、保障司法公正

公正是司法工作的本质特征和生命线，是法官必须遵守的基本准则。根据《中华人民共和国法官职业道德基本准则》和《法官行为规范》等规则，保障司法公正主要包括坚持依法独立行使审判权，坚持以事实为根据，以法律为准绳，坚持实体公正程序公正并重，注重司法效率，坚持司法公开，保持司法中立，尊重其他法官等方面。

（一）独立是公正的重要保障，因此坚持法院依法独立行使审判权就具有特别重要的意义。坚持法院依法独立行使审判权，要求法官在审判活动中不受任何行政机关、社会团体和个人的干涉，不受权势、人情等因素的影响。坚持法院依法独立行使审判权，对于法院外部而言强调的是其他机关、团体和个人不得非法干预法院行使审判权、审理案件的活动；而对于法官而言，强调的是法官要独立思考、自主判断，敢于坚持原则。相比之下这项准则从外部关系来看，侧重的是法律上权力的划分。要确保其他机关，如行政机关，不对司法活动进行非法干预，主要是依靠法律制度的完善，依靠法律对司法权和其他权，如行政权，良好而周密的划分。从内部关系看，强调的则是法官个人的道德品行，要确保法官独立思考，自主判断，主要依靠提高法官的职业道德修养。

（二）坚持以事实为根据，以法律为准绳，要求法官努力查明案件事实，准确把握法律精神，正确适用法律，合理行使裁量权，避免主观臆断、超越职权、滥用职权，确保案件裁判结果公正。从法律上讲，以事实为根据，以法律为准绳是法官行使职权的基本要求；而从道德上讲，则要求法官以更强的责任心，以对国家、对法律、对当事人高度负责的精神，审慎地行使手中的权力。

（三）坚持实体公正与程序公正并重，要求法官严格按照法定程序执法办案，充分保障当事人和其他诉讼参与人的诉讼权利，避免执法办案中的随意行为。法律的目的在于创设一种公正的社会秩序，法官是法律的实施者，其职责就是通过具体的司法活动，使法律公正在现实生活中得以体现。从这个意义上说，法官是法律的代言人，是社会正义的守护者，公众所看到法律公正是通过法官的行为体现出来的。如果法官不能坚守公正的立场，那么法律的公正、司法的公信力便荡然无存。因此可以说公正是法官职业道德的核心。

1.实体公正和程序公正的关系。《中华人民共和国法官职业道德基本准则》强调了实体公正与程序公正并重。这意味着一方面法官通过对案件的审判，制裁违法行为，保护人民的人身权利和财产权利，实现实体公正的结果；另一方面法官还必须遵循法定的诉讼程序，保护所有当事人在诉讼中的平等地位。一般认为，实体公正是程序公正的目的，程序公正是实体公正的保障，但实际上程序公正也具有其独立价值，以往许多人认为促成程序公正仅仅为实体公正而存在，是为实体公正服务的，显然是不准确的。

2.实质公正和形式公正。一般认为，法官应追求实质公正的结果，直接影响当事人权利的也是实质公正。这当然不错，但并不全面，实质公正如果不能以公正的形式展示给公众，就无法让公众确信其获得的公正确实是实质意义上的公正，因此还应以形式公正将实质公正的实现过程展示给公众。这也就意味着，法官不但要追求实质公正，还要在追求公正的形式上表现出公正，避免公众对实质公正产生怀疑。如果法官对案件的实体处理结果错误或者违反法定程序，则实际构成“司法不公”；而法官的某些行为、态度、言辞可能并不违反法定程序，也与实体结果无直接关系，但如果会引起不公正的怀疑，则也违反了职业道德基本准则。

（四）注重司法效率并不是要求法官尽快结案，而是要求法官严格执行案件审理期限的规定，勤奋工作，在案件审理的各个环节中尽量节约时间，减少拖延，提高效率。

众所周知，效率和公正一样，也是审判工作必须遵守的准则，正如人们常说的，迟到的公正不是公正，没有效率，公正不可能真正实现。《法官职业道德基本准则》第11条要求："严格遵守法定办案时限，提高审判执行效率，及时化解纠纷，注重节约司法资源，杜绝玩忽职守、拖延办案等行为。"《法官行为规范》第3条也要求法官"高效办案。树立效率意识，科学合理安排工作，在法定期限内及时履行职责，努力提高办案效率，不得无故拖延、贻误工作、浪费司法资源"。

由上述规定可以看出，注重司法效率首先要求严格执行案件审理期限。这和三大诉讼法及最高人民法院有关司法解释对于法官审判案件应当遵循的审理期限的要求是一致的。这意味着在审理期限内审结案件是注重司法效率最基本要求。其次要求法官在严格执行审理期限以外，还在工作的每一个环节中注重效率，减少拖延，节约时间，杜绝无故拖延、贻误工作、浪费司法资源的行为。这就要求法官安排好各项审判事务，合理分配时间，提高诉讼效率；为当事人着想，尽可能节约当事人的时间；有效地控制时间，监督参与诉讼活动的人员，防止其不当拖延时间。第三实现上述要求，必须以法官胸怀勤勉敬业之心，勤奋工作，尽心尽责为基本条件。因此从职业道德上讲，法官应当增强责任感和使命感，忠于职守，勤奋工作，尽心尽责，努力掌握和熟练应用法律知识和司法技能，以求高质量高效率地实现司法职责。《法官行为规范》第7条也明确了上述要求："敬业奉献。热爱人民司法事业，增强职业使命感和荣誉感，加强业务学习，提高司法能力，恪尽职守，任劳任怨，无私奉献，不得麻痹懈怠、玩忽职守。"

（五）坚持司法公开，依照《法官职业道德基本准则》主要是指尊重人民群众的知情权，自觉接受人民群众的监督。《法官职业道德基本准则》第12条规定："认真贯彻司法公开原则，尊重人民群众的知情权，自觉接受法律监督和社会监督。"而具体到司法活动当中，落实公开审判是坚持司法公开的重要内容。公开审判原则是一项基本诉讼原则，也是法官在职业道德上坚持司法公开，接受人民群众监督的重要措施。在坚持司法公开原则的同时，还应注意到问题的另一方面，《法官职业道德基本准则》第12条也规定了"避免司法审判受到外界的不当影响"，《法官行为规范》第6条规定法官应"严守纪律。遵守各项纪律规定，不得泄露在审判工作中获取的国家秘密、商业秘密、个人隐私等，不得过问、干预和影响他人正在审理的案件，不得随意发表有损生效裁判严肃性和权威性的言论"。这意味着司法公开的要求也是有界限的，公开不能超出法律的界限；而接受人民群众监督也应避免舆论不当影响审判。

（六）保持司法中立。《法官职业道德基本准则》第13条规定法官应"自觉遵守司法回避制度，审理案件保持中立公正的立场，平等对待当事人和其他诉讼参与人，不偏袒或歧视任何一方当事人，不私自单独会见当事人及其代理人、辩护人"。这里包含三个内容，一是遵守回避制度。回避制度是我国三大诉讼法所确立的基本制度，《法官职业道德基本准则》将此作为法官职业道德予以重申。《法官行为规范》第 26 条也规定法官应“自觉遵守关于回避的法律规定和相关制度，对当事人提出的申请回避请求不予同意的，应当向当事人说明理由”。二是平等对待当事人和其他诉讼参与人。要求法官在履行职责时，平等对待当事人，不得以其言语和行为表现出任何歧视，并有义务制止和纠正诉讼参与人和其他人员的任何歧视性言行。同时，法官应当充分注意到由于当事人和其他诉讼参与人的民族、种族、性别、职业、宗教信仰、教育程度、健康状况和居住地等因素而可能产生的差别，保障诉讼各方平等、充分地行使诉讼权利和实体权利。三是禁止与当事人单方接触。为实现司法公正，法官应当为双方当事人提供实现诉讼权利平等的条件，因此应保证当事人都有平等的机会向法官阐述自己对案件的看法和自己的主张和理由。如果法官单独会见一方当事人，意味着法官不能与双方当事人保持同等距离，使一方当事人在诉讼中处于不利地位，也使法官偏离了中立地位，影响了公正以看得见的方式实现。

（七）尊重其他法官。《法官职业道德基本准则》第 14 条要求法官“尊重其他法官对审判职权的依法行使，除履行工作职责或者通过正当程序外，不过问、不干预、不评论其他法官正在审理的案件”。这要求法官审慎处理与其他法官的关系，保证法官审理案件能不受其他因素干扰，保障司法公正。

三、确保司法廉洁

法官在职业道德上的清正廉洁义务，是指法官应保持在物质利益和精神生活方面的纯洁与清廉，合理地处理公职与私利之间的关系，正确对待外部的不当利益，不得直接或者间接地利用职务和地位谋取任何不当利益。在当前特定的社会背景下，司法廉洁具有特殊的重要性，确保司法廉洁在法官职业道德中也被提到了特别的高度。《法官职业道德基本准则》专门用第四章一章的篇幅规定司法廉洁问题，内容涉及树立正确观念，严格遵守廉洁规定，不参加可能影响案件公正审理的活动，妥善处理家庭事务等 4 个方面。

（一）树立正确观念。《法官职业道德基本准则》第 15 条规定：“树立正确的权力观、地位观、利益观，坚持自重、自省、自警、自励，坚守廉洁底线，依法正确行使审判权、执行权，杜绝以权谋私、贪赃枉法行为。”

（二）严格遵守廉洁规定，不接受诉讼当事人的钱物和其他利益。《法官职业道德基本准则》第 16 条规定：“严格遵守廉洁司法规定，不接受案件当事人及相关人员的请客送礼，不利用职务便利或者法官身份谋取不正当利益，不违反规定与当事人或者其他诉讼参与人进行不正当交往，不在执法办案中徇私舞弊。”这一要求主要是针对诉讼活动主体直接、间接地送给法官礼品、礼金、财物和其他好处所做的约束。严格说来，法官对于诉讼当事人的任何利益都应当拒绝接受，不论这种利益是大、是小，是直接对法官的收买，还是以其他没有直接利害关系的方式出现。只有这样，法官才能保持清正廉洁。

（三）不参加可能影响案件公正审理的活动。《法官职业道德基本准则》第 17 条规定：“不从事或者参与营利性的经营活动，不在企业及其他营利性组织中兼任法律顾问等职务，不就未决案件或者再审案件给当事人及其他诉讼参与人提供咨询意见。”首先，法官不得从事或参与营利性活动，如经商。法官从事经商活动，必然导致法官与其他经济活动主体发生往来。从整体来讲，经商活动与法官的职业要求不符；从个案来讲，法官参与经商活动可能导致法官既是裁判者，又是与当事人有千丝万缕联系的商人，这必然会影响司法公正。其次法官也不得提供法律服务。这是因为法官的职业属性是居中裁判，必须保持中立的地位，如果法官以律师、企业法律顾问等身份参与社会活动，或者为当事人或其代理人、辩护人提供咨询意见，就可能丧失中立立场，影响司法公正。

（四）妥善处理家庭事务。《法官职业道德基本准则》第 18 条规定：“妥善处理个人和家庭事务，不利用法官身份寻求特殊利益。按规定如实报告个人有关事项，教育督促家庭成员不利用法官的职权、地位谋取不正当利益。”首先要求法官个人不以其地位、身份、声誉等谋取特殊利益；其次也要求法官督促其家属不利用其职权地位谋取特殊利益。法官的地位、声誉等是和法律的地位、声誉密切相关的，因此对于法官来说，必须时刻注意对其地位、声誉的运用必须有助于提升法律的地位和声誉，换句话说，法官的地位、声誉等只能用于履行其法定职责，而不得用于谋取其他特殊利益。如果法官的亲属利用法官的地位、声誉以获得某种特殊利益，同样会损坏法律和法官职业的声望，因此法官有义务要求其亲属严格要求自己，维护法律和法官的声望。

四、坚持司法为民

坚持司法为民是指法官应时刻将人民群众的利益和需求记在心中，在司法实践中为民着想，真正实现为民、便民、利民。

《法官行为规范》第 5 条也规定法官应“一心为民。落实司法为民的各项规定和要求，做到听民声、察民情、知民意，坚持能动司法，树立服务意识，做好诉讼指导、风险提示、法律释明等便民服务，避免‘冷硬横推’等不良作风”。

从《法官职业道德基本准则》和《法官行为规范》的规定看，坚持司法为民主要表现在树立司法为民观念，注重司法效果，执行司法便民措施，尊重律师和当事人等四个方面。

（一）树立司法为民观念。《法官职业道德基本准则》第 19 条规定法官应“牢固树立以人为本、司法为民的理念，强化群众观念，重视群众诉求，关注群众感受，自觉维护人民群众的合法权益”。

从政治上讲，我国法律反映的是最大多数人的最大利益，法院是国家的审判机关，法官作为法律的实施者，其活动属性就是通过对法律的适用，调节法律关系，解决矛盾纠纷，维护人民群众的利益。因此坚持司法为民和法院履行审判职能在理论上和实践上都具有高度统一性。从这个高度来认识，就意味着坚持司法为民就是立足司法工作，实现全心全意为人民服务的宗旨。法官只有坚持司法为民这一根本要求，才能彰显自身作用，实现法院的功能，切实在思想和行动上做到为人民服务这一党的宗旨。

从社会效果上讲，坚持司法为民，有助于树立正确的司法指导思想。正确的司法指导思想是做好司法工作的重要保障。树立司法为民指导思想，有利于实现维护社会正义与社会发展的统一，促进社会发展和维护人民群众利益的统一，实现法律效果与社会效果的统一。

（二）注重司法效果。《法官职业道德基本准则》第 20 条规定："注重发挥司法的能动作用，积极寻求有利于案结事了的纠纷解决办法，努力实现法律效果与社会效果的统一。"

发挥司法能动作用意味着法官应立足彻底解决纠纷和法律效果与社会效果的统一，积极主动寻求各种化解矛盾纠纷的方式。例如有些法院就提出了"柔性司法"的概念，强调在法律规则空间内，根据具体案件的要求，合理适度地采取司法措施。也有的法院提出应有"司法适度干预"，如法官应当对当事人的诉讼活动进行指导，平衡当事人的诉讼能力等。还有法院提出应加强司法建议工作，也是强调能动司法的一个表现。

（三）执行司法便民措施。《法官职业道德基本准则》第 21 条规定："认真执行司法便民规定，努力为当事人和其他诉讼参与人提供必要的诉讼便利，尽可能降低其诉讼成本。"

司法便民强调的是拉近司法与人民群众的距离，人民群众才能感受到法律对其行为的影响和意义，才能树立信仰法律的观念，进而推动法治发展。许多便民措施对于法院和法官来讲很平常，但对于当事人和其他诉讼参与人来讲却有非常大的影响。例如许多法院采取的便民措施，看似很简单，意义却很深远，如建立值班制度、接待群众来访、处理群众来信；又如有些法院设立多种便民立案措施，当事人可以到法庭直接立案，可以通过电话短信、电子邮件等方式预约立案等；还有法院在立案时向当事人发放风险提示书和案件办理流程图，引导他们依法定程序诉讼等等。

（四）尊重律师和当事人。《法官职业道德基本准则》第 22 条规定："尊重当事人和其他诉讼参与人的人格尊严，避免盛气凌人、'冷硬横推'等不良作风；尊重律师，依法保障律师参与诉讼活动的权利。"对于此项要求的意义，最高法院院长周强有一个很好的表述，他在 2013 年 7 月 4 日召开的全国高级法院院长座谈会上说，律师制度是中国特色社会主义司法制度的重要组成部分，法官和律师都是推进法治中国建设的重要力量；尊重和保障律师的权利，就是尊重和保障当事人和公民的权利，也是实现司法公正的重要保证。他强调，要规范法官与律师的关系，把忠于宪法和法律、维护司法公正、捍卫公平正义作为共同的价值追求，在工作中相互独立、彼此尊重、积极合作、互相监督，杜绝不当交往，共同担当推动法治进步的重任。

从实际情况看，有的法官显得非常强势，不愿意多听律师解释；有的法官在法庭上不注意听取律师的陈述和意见，随意打断律师发言；有的法官在法庭上当众训斥或指责律师不懂法或不熟悉业务等，这都违背了法官职业道德的要求。

2010 年上海市长宁区法院出台了《法官尊重律师十条意见》，对法官职业道德提出了更为明确的要求。根据《意见》规定，法官在案件审理中应当认真听取律师意见，对律师的意见采纳或不采纳，应以适当方式表明态度并说明理由；法官不应当着当事人的面指责、批评律师，更不可向当事人发表贬损律师的言论。

五、维护司法形象

《法官职业道德基本准则》第 23 条规定，法官应“坚持学习，精研业务，忠于职守，秉公办案，惩恶扬善，弘扬正义，保持昂扬的精神状态和良好的职业操守”。《法官行为规范》第 7 条也规定，法官应“敬业奉献。热爱人民司法事业，增强职业使命感和荣誉感，加强业务学习，提高司法能力，恪尽职守，任劳任怨，无私奉献，不得麻痹懈怠、玩忽职守”。

《法官职业道德基本准则》第 24 条要求法官“坚持文明司法，遵守司法礼仪，在履行职责过程中行为规范、着装得体、语言文明、态度平和，保持良好的职业修养和司法作风”。《法官行为规范》第 8 条规定得更加具体，要求法官“加强修养。坚持学习，不断提高自身素质；遵守司法礼仪，执行着装规定，言语文明，举止得体，不得浓妆艳抹，不得佩戴与法官身份不相称的饰物，不得参加有损司法职业形象的活动”。

上述规定从两个层面提出了对维护司法形象的要求，首先从观念上，法官应保持良好的精神状态和职业操守，保持对事业的热爱和职业使命感。这是自觉维护法官司法形象的观念基础；其次在保有并坚守良好的观念基础上，才有可能将对职业的信念转化为具体的职业行为，而具体的职业行为主要表现在职业活动中对法官司法礼仪的要求，在职业活动外法官对自身的要求以及法官对自身道德修养生活情趣的要求等。

（一）职业活动中对法官司法礼仪的要求。司法礼仪，是指司法活动的主体（包括法官、检察官、律师、当事人、其他诉讼参与人以及其他参与司法活动的官员、旁听人员等）在司法活动中所应当遵守的礼节、仪式和其他交流与行为的态度和方式。由于形式和程序在司法活动中具有特别重要和特殊的意义，因此司法活动也比其他活动更注重礼节、仪式。而法官在司法活动中又处于主导和核心的地位，其行为对于司法活动具有导向性影响，直接关乎司法活动的行为模式和样态，因此法官司法礼仪状态，不仅对于维护法庭上的正常活动秩序和法官的形象具有重要意义，更重要的是它为司法的文明和权威提供了保证。

由于司法活动自身的特点，法官言语的"文明"，举止的"得体"都具有与常人不同的特别要求。《法官行为规范》做了详细的规定。

在语言方面，第一，尊重当事人，礼貌示意当事人发言，认真听取当事人意见，不用带有倾向性的语言进行提问，不与当事人争吵，不随意打断或者制止当事人的发言；第二，语言使用规范、准确、文明，符合法律要求，体现法律精神，显示法律威严；第三，表述方式得体，符合法庭特定气氛要求，如《法官行为规范》第 36 条要求"宣读裁判文书声音要洪亮、清晰"。

在行为方面，第一，着装整齐合乎规定，在进入法庭前必须更换好法官服或者法袍，合议庭成员出庭的着装应统一；第二，举止应端庄，包括坐姿端正，杜绝各种不雅动作，不做与庭审活动无关的事，不在审判席上吸烟、闲聊或者打瞌睡，不接打电话，不随意离开审判席等；第三，法槌的使用应充分体现出法律和法庭的威严，敲击不宜过重或过轻，应当以旁听区能够听见为宜。

(二)职业活动外法官对自身应有的要求。严格约束法官的职务外活动是法官职业道德的一项基本准则，它要求法官即使在职业活动之外，也不参加不适当的活动；即使在参加适当的职业外活动时，也应当尽量避免与司法职责相冲突，维护法官形象，维护司法的权威性，维护法律的尊严。

对于职业活动外的要求，《法官行为规范》作了详细的规定，归纳起来主要表现在 6 个方面。

1. 法官自觉维护法官形象，无论从事何种职务外活动，都应当避免使公众对法官的公正性和廉洁性产生怀疑，进而对法律的公正性和法院的公信力产生怀疑。基于此种考虑，《法官行为规范》第 80 条要求法官"约束业外言行，杜绝与法官形象不相称的、可能影响公正履行职责的不良嗜好和行为"。

2. 法官应谨慎参加各种社会活动，谨慎出入各种社交场合，以避免对其行使职权时的居中地位产生不良影响，避免给公众造成不公正或者不廉洁的印象，影响法官的职业活动。《法官行为规范》第 81、82 条规定，法官不得参加与案件有利害关系的座谈研讨，不得参加营利性组织，不得接受有违清正廉洁要求的吃请、礼品和礼金；即使参加与案件无利害关系的研讨等活动，也应经过相应的审批程序。《法官行为规范》第 87 条规定参加社交活动要自觉维护法官形象，同时严禁乘警车、穿制服出入营业性娱乐场所。

3. 法官在职务外活动中，可以从事授课、写作活动，但是不得披露或者使用非公开的审判信息和在审判过程中获得的商业秘密、个人隐私以及其他非公开的信息。

4. 法官发表文章或者接受媒体采访时，应当保持谨慎的态度，接受采访应经过批准，同时不得发表有损司法公正的言论，不得对正在审理的案件和当事人进行评论，不披露在工作中获得的国家秘密、商业秘密、个人隐私及其他非公开信息。

5.法官应妥善处理与家人、亲属及朋友的关系。在本人或亲属与他人发生矛盾时，应通过正当合法的途径解决；在本人及亲属涉及某项诉讼案件时，不通过法官身份获取某种特殊的地位、照顾或便利；在与家人、亲属及朋友的交往中应注意保持良好的道德观念和文明素养，宣传科学，反对封建迷信。

6.法官退休后应当遵守国家相关规定，不利用自己的原有身份和便利条件过问、干预执法办案，避免因个人不当言行对法官职业形象造成不良影响，避免因其不当言行而使公众对司法公正性产生怀疑。

(三)对法官自身修养的要求。《法官职业道德基本准则》第25条规定："加强自身修养，培育高尚道德操守和健康生活情趣，杜绝与法官职业形象不相称、与法官职业道德相违背的不良嗜好和行为，遵守社会公德和家庭美德，维护良好的个人声誉。"

就个人的修养和生活情趣而言，涉及诸多方面，具体到作为职业道德内容的法官修养和生活情趣，并非泛指作为个人或普通公民所应具有的修养和生活情趣，而是指那些与法官职业相关联的个人素质、修养，这些个人修养和素质直接影响到法官的形象，影响到司法公正，影响到法律的权威性。例如，在庭审过程中，法官因个人的修养和情趣而形成的某种语言习惯，某种姿态习惯，某种着装习惯都可能会影响到当事人对法院和法官的理解，进而影响到对法律的认识。综合《法官职业道德基本准则》《法官行为规范》等规定，一般认为，我国的法官应当具备的与职业相关的道德修养和生活情趣应体现在政治素质、业务素质和道德素质等三个方面。

1.良好的政治素质。就政治素质而言，主要表现在对法律的信仰和忠诚上。法官应当忠诚于党、国家和人民的利益，而在我国，法律集中体现了党、国家和人民的利益，因此信仰法律，忠诚于法律就是忠诚于党、国家和人民的利益。从另一方面讲，法官信仰法律，忠诚于法律，是依法治国的基本要求。法官只有忠实于法律，法治的秩序才能得到维护，司法才能有公信力，司法决定才能得到人民的认可和接受。因此法官应具有坚决维护法律权威、严格依法办事的良好政治素质。

就当前我国特定的社会背景而言，廉洁也应成为良好的政治素质的重要内容。司法是保证社会公正的最后防线，而没有廉洁就没有公正，当社会公正被侵蚀了之后，党、国家和人民的利益也就无从谈起。原最高法院院长王胜俊曾强调，要把廉洁公正作为法官的职业道德底线和基本政治标准，始终把廉洁公正作为职业道德教育的核心，督促干警努力做到秉公办案、廉洁司法。法官作为社会公正的最后防线的守护者，必须以清正廉洁来维护司法公正，进而维护党、国家和人民的利益。因此，法官必须具备廉洁的品质，应当耐得住寂寞。对违纪违法案件，不论涉及谁，都要以坚决的态度进行严肃查处。

2.精良的业务素质。业务素质的高低直接影响着法官职业的质量与水平，影响着国家审判权作用的正常发挥。作为一个以法律科学为基础的职业，法官必须具备与职业需要相应的业务素质。法官应具备的业务素质从总体上说应包括职业理念和职业技能两个方面。

法官应具备的职业理念包括公正的理念、平等的理念、人权的理念、法治的理念等多方面，其中最重要的是公正的理念。从某种意义上可以说，法官的全部道德素质都是围绕公正这一基本要求展开的，这是由法院和法官的属性和职责决定的。法院作为维护社会正义的最后一道关口，在双方当事人面前必须公正无偏。否则，法官作为公民权利守护者的地位便不复存在，司法的社会公信力便会荡然无存。

实现公正，法官首先必须具有司法良知。法官是一个寻求和实现公正的职业，主持公道是法官神圣的职责。良知可以使法官把握住公正这一基本价值取向，在法律运作中努力实现法律效果与社会效果的统一。其次法官寻求公正，必须受到严格的程序限制，通过执行法律程序、保障当事人的权利。三是法官必须在遵守程序公正的前提下努力追求必须实体公正，必须以事实为依据，以法律为准绳，努力寻求事实真相，正确适用法律。

法官应具备的职业技能涉及许多方面，包括各种可以帮助法官有效、正确地实现司法职责的技能都是法官需要的业务素质。这些素质主要包括：良好的法学理论和法律知识功底，与职业相关的逻辑思维能力，口头和书面表达能力，与人沟通的能力，对社会现实和人际关系的理解和把握能力等。

3. 良好的道德素质。法官作为一个普通人所具有的道德素质对其作为一个法官所具有的职业道德素质具有重要影响。普通道德素质一方面可以成为职业道德素质的基础，很难想象一个不具备诚实、善良、守信等基本道德素质的人，可以成为一个坚守公正等职业道德理念的法官；另一方面普通道德素质也直接影响着一个人的生活情趣，而生活情趣又对法官的职业形象有十分重要的影响，人们很难将一个频繁出入夜店等娱乐场所的人，和一个庄重威严代表法律的法官联系起来。因此，法官除了要在自己的职业行为中树立法官的职业形象外，还要在日常生活和处理社会关系、个人事务过程中，表现出良好的道德素质。法官应具备的道德品质范围十分广泛，如：善良、诚实、正直、互助、进取、勤劳、忘我、无私、疾恶如仇、刚正不阿等。

第三节　法官职业责任

讨论法官职业道德就必须讨论法官违反职业道德的责任。就普通道德而言，违反道德准则承担责任的方式不外舆论的谴责和良心的压力，但职业道德有所不同，它的规范性更强，其实施方式也应与普通道德有所不同，应有其专门的实施机制。根据《法官职业道德基本准则》第 28 条规定："各级人民法院负责督促实施本准则，对于违反本准则的行为，视情节后果予以诫勉谈话、批评通报；情节严重构成违纪违法的，依照相关纪律和法律规定予以严肃处理。"《法官行为规范》第 90、92、93 条规定："各级人民法院要严格要求并督促本院法官遵守本规范，具体由各级法院的政治部门和纪检监察部门负责。”“地方各级人民法院应当结合本院实际，研究制定具体的实施细则或实施办法，切实加强本规范的培训与考核。”“各级人民法院广大法官要自觉遵守和执行本规范，对违反本规范的人员，情节较轻且没有危害后果的，进行诫勉谈话和批评教育；构成违纪的，根据人民法院有关纪律处分的规定进行处理；构成违法的，根据法律规定严肃处理。”

综合上述规定，在我国法官违反职业道德的责任包括法律责任、纪律责任、职业道德责任多种类型，其中法律责任和纪律责任并非单独因违反职业道德而承担的责任，而是在违反职业道德的同时也违反了纪律或触犯了法律而形成的责任，就法官职业道德而言，其责任形式主要是诫勉谈话，通报批评和批评教育等形式。这反映出我国法官职业道德的实施机制还有待进一步健全。

一、承担责任的形式

（一）法律责任

法律责任主要表现在法官因职务行为触犯法律而应承担的责任，其中典型的是刑事责任。如刑法第 8 章有关贪污贿赂罪、第 9 章有关渎职罪的规定，法官的职务行为如违反刑法规定的，可能构成以下犯罪：贪污罪、贿赂罪、滥用职权罪、玩忽职守罪、泄露国家秘密罪、徇私枉法罪等。而一旦构成以上犯罪的，依照刑法规定应当分别承担以下刑事责任，包括拘役、有期徒刑、无期徒刑、死刑、剥夺政治权利、罚金和没收财产。

（二）纪律责任

法官的纪律责任是指法官因违反工作纪律而应当承担的责任，这构成了法官责任的主要内容。从目前的纪律所包含的内容来看，它既包括了一些法官的法律义务，又包括一些工作纪律，同时还包括了法官职业道德规范。因而纪律责任也是法官范围职业道德应当承担的责任形式之一。

法官的纪律责任主要规定在《法官法》《人民法院审判人员违法审判责任追究办法（试行）》《人民法院工作人员处分条例》和《人民法院审判人员违法审判责任追究办法（试行）》等法律和规定中，主要形式包括：警告、记过、记大过、降级、撤职、开除。警告，即对犯错误者提出告诫，是最轻的一种纪律处分，适用于违法、违纪行为轻微的情况。记过，即记载过失，是较警告严厉的一种纪律处分。记大过，即记载大的过失，适用于违法违纪比较严重的情况。降级，即降低工资级别，适用于比记大过处分更为严重的违法违纪情形。降职，即由现任职务降到较低职务，适用于因违法违纪而无法担任现任职务的情形。开除，即将担任法官职务但是不适于在人民法院继续任职的人清除出法院职工队伍，是纪律处分中最严重的处分。

(三)道德责任

法官的道德责任是执法官因违反职业道德而应承担的责任。如上所述,在我国现行规定中,法官违反职业道德所应承担的道德责任主要是诫勉谈话、通报批评和批评教育等。

二、处理机构与程序

对于法官违反法律,应追究法律责任,特别是刑事责任的,其处理机构和程序都有明确的法律规定。如追究刑事责任应由法院依照刑事诉讼法处理。

对于法官违反纪律,应追究纪律责任的,应依照相应的规定,由各级法院的纪检监察部门负责处理。如《人民法院审判人员违法审判责任追究办法(试行)》第 28 条规定:“各级人民法院监察部门是违法审判责任追究工作的职能部门,负责违法审判线索的收集、对违法审判责任进行调查以及对责任人员依照有关规定进行处理。”法院的纪检监察部门依照法定权限和程序追究相关人员的纪律责任。

对于法官违反职业道德,应追究道德责任的,由各级法院及其政治部门和纪检监察部门负责处理。《法官职业道德基本准则》第 28 条规定:“各级人民法院负责督促实施本准则”,《法官行为规范》第 90 条规定:“各级人民法院要严格要求并督促本院法官遵守本规范,具体由各级法院的政治部门和纪检监察部门负责。”

第四节　法官职业道德实施机制探讨

如上节所论述,在我国,法官职业道德的实施机制是和追究其法律责任和纪律责任的机制结合在一起的。这有其一定的合理性,但值得注意的是,法官职业道德准则与纪律要求和法律标准存在重大区别,以纪律责任和法律责任的实施机制来实施道德责任显然是不妥当,至少是不完备的。《法官职业道德基本准则》和《法官行为规范》也都没有对法官职业道德的实施机制做出设定,这反映出我国职业道德实施机制理论和实践不成熟。因此有必要对法官职业道德的实施机制做一个简单的探讨。

一、法官职业道德实施机制概述

(一)法官职业道德实施机制的含义

法官职业道德实施机制,是指法官的职业道德规范得以贯彻、实施的机构、程序和其他工作制度的总称。任何实体性规范发挥其作用的先决条件就是建立一套合理、完善的实施机制。例如,民事诉讼法是实施民法的主要机制;刑事诉讼法是实施刑法的主要机制；行政程序法是实施行政实体法的主要机制。法官职业道德作为实体性规范，也应有一套程序性规则保障其实施。这套程序性规则的内容应包括实施机构和实施程序，也就是说必须明确由谁来实施和如何实施。

因此可以说，法官职业道德实施机制是指法官的职业伦理规范得以实现的机构、程序和其他工作制度的总称。实施机制中并不直接涉及法官应当如何行为以及其他实体性规范，但是，法官职业道德实施机制仍然是法官职业道德规范体系中的重要内容。它与《职业道德准则》的关系正像“程序法”与“实体法”之间的关系。

从道德的一般运行机制上看，道德的实施主要依靠舆论和个人良心的压力，也就是通常说的他律和自律。但职业道德有所不同，不仅有来自舆论的他律和来自个人的自律，还需要有专门的机构和制度来运行，这就是我们这里要讨论的法官职业道德的实施机制。

(二)法官职业道德实施机制重要性

建立一套完整合理的法官职业道德运行机制的重要性是不言而喻的。

1.从理论上讲，法官职业道德的实体规范如果没有相应的程序性实施规范保证，其效力是不可能真正发挥出来的，换句话说，没有实施机制的实体规范是没有生命的。再完美的职业道德规范，如果没有科学合理的实施机制，也难以实施。这些年我国法官职业道德要求很高，但说得多，停留在口头上、会议上的多，实际效果有限也表明了实施机制的重要性。

2.从对违反法官职业道德行为的遏制来看，如果没有专门的实施机制，其遏制力量就仅限于舆论压力和良心自责了，这就使得职业道德的保障力量与普通道德没有差别，职业道德也就失去了其特有的力量。因此职业道德的实施机制的重要性就在于通过其特有的遏制力量，使违反职业道德的行为得到应有的惩戒，从而更有力地维系职业道德标准。而对法官范围职业道德行为的遏制，对于维护法官职业的神圣性，对于维护司法公信力与权威性是极其重要的。

同时从另一方面看，通过职业道德的实施机制将法官职业道德的运行过程展示给法官和公众看，对于法官是一种教育，教育法官遵守职业道德规范，发挥职业道德的自律作用。而对于公众这种展示又是一种宣示，告诉公众，约束法官的不仅有法律、纪律还有法官特有的职业道德，因此职业道德实施机制在对法官进行惩戒的同时，还发挥着广泛的教育作用。

3.专门的职业道德实施机制关乎法官的职业独立性能否得到充分保障。从法官的属性来说，法官不同于行政管理等职业，其突出特征是只服从法律，这意味着法官有与其他职业不同的独立性要求。法官职业道德的内容也有其独特的要求，而法官职业道德实施机制的意义在于能否使这种独特的要求通过某种方式的运行而显现出来。如果没有特定运行机制，就意味着法官职业道德的保障将和普通人一样只接受舆论和良心的压力，法官的独立性也就荡然无存了。因此，这一运行机制是否合理，直接影响到法官独立性的实现，必须依据法官和法官职业道德的特性设计出专门的运行机制。

4. 专门的职业道德实施机制还关系到对法官权利的保护。法律职业道德对法官既是一种约束，也是一种保护。当一个法官坚守了他的职业道德，而这种职业道德准则又与普通道德准则有所差异时，法官就会面临普通道德运行机制，如社会舆论的压力。这种情况下如果没有恰当的法官职业道德运行机制，就无法保障法官权利，无法抵御来自社会的压力。实际上近年来从各种纠纷中，如法官与当事人的纠纷，医生与患者的纠纷，我们都能看出由于缺乏某种职业道德的特定运行机制，或运行机制设计得不合理，导致出现法官和医生的权利甚至于安全得不到保障的情况。而法官权利得不到保障将直接影响社会运行。因此专门且科学合理的法官职业道德运行机制是十分重要的。

（三）法官职业道德实施机制基本特征

如上所述，法官职业道德实施机制与法官职业道德规范的关系，与民事诉讼制度与民法或刑事诉讼制度与刑法的关系有一些相似之处，但职业道德的实施机制又有自己的特点，许多学者对此作了探讨，归结起来大家都认为主要特征集中在自治性和司法性（或准司法性）上。

1. 自治性

职业道德规范不同于法律规范和纪律规范，它属于职业自律性规范，其实施机制也应由其职业团体自身来运作，因此保障职业道德规范实施的制度也应具有完全的自治性。这种自治性的含义是指法官职业道德的运行不应由法律职业团体之外的机构和人员来运行。例如，法官惩戒机构一般由法官职业团体（如法官协会）或者法院建立，惩戒机构的组成人员一般由法官组成，惩戒程序也多由司法机关自行制定。

法官职业道德实施机制具有自治性，主要是因为自治性可以反映法官职业专门性或非大众性特点。法官职业需要专门的知识、技能和道德，普通人无法就专业领域内的事作出合理的判断，普通道德准则也并不一定适用于法官职业。对于专业领域的事项，只有通过专业内部的同行评议，通过法官的自主判断，才能保证有适当的安排和处理。

法官职业道德实施机制的自治性还取决于法官职业道德的自律性。职业伦理的自律性表现在两个方面，即法官个人自律和法官职业自律。所谓法官个人自律，是指法官通过认真学习、自我觉悟、自我约束、自我反省等方式，切实遵守法官职业道德标准，避免发生违反职业伦理规范的行为。但是，在个人自律的实施中，不存在组织机构、工作程序、调查裁判等部分，仅靠个人自律并不能反映职业伦理的另一面。既然是涉及一个职业的公共道德，这个职业在这些伦理规范的实施中必须发挥一定的作用。这就是职业自律机制。

2. 司法性

司法性是指对于违反职业道德的行为的处理，是在一种类似于司法而非行政的模式之下进行的。它遵循一些与司法类似的原则，与司法程序也有很多相似甚至相同之处。例如，应具有一定的对抗性，提起指控或投诉一方与被投诉的法官之间虽然不像在民事诉讼或刑事诉讼中那样有明显的对抗性，但双方都享有对抗另一方的基本权利，投诉人有权利知晓处理结果。惩戒机构依职权对被投诉法官的行为进行调查，被投诉的法官享有与诉讼中的被告方类似的权利，如为自己辩护的权利、获悉指控者信息的权利、质证的权利、获得律师辩护的权利，以及惩戒机构的处理决定必须是在听取了被投诉的法官的意见之后作出等。这些都不同于行政和纪律处分那种严格的非对抗性和服从性。

当然职业道德的运行机制与司法程序也有不同之处，因而也有人将其归结为“准司法性”。例如，提起指控或投诉的人并不像在民事或刑事诉讼中那样作为一方当事人或检控方在程序中出现；不必作为被投诉法官的对立的一方参与程序的进行；不必承担类似于指控方承担的“举证责任”。但是投诉人有权利知晓处理结果。惩戒机构依职权对被诉法官的行为进行调查，而不是像在诉讼中那样依当事人的诉讼请求而进行庭审等。

3. 在自治性和司法性之外，还有学者提出科学性、多样性等其他特征

所谓科学性是指在建立职业道德实施机制时，应当建立具体的程序、步骤、环节、形式，以确保法官职业道德规范在一条正确、科学的轨道上得以实现。

所谓多样性是指由于法官职业道德涉及范围广、规范类型多，而且特别强调实现的自律性，所以在实施机制方面也应有其多样性。

二、国外法官职业道德机制简介及与我国的比较

在德国，联邦法院专门设立“联邦惩戒法庭”（又译职业法院）审理涉及法官和其他高级公务员违反纪律的案件。德国还制定了《联邦纪律法》，规定对公务员（包括法官）采取纪律措施的程序。

在加拿大，议会制定《法官法》时一并建立了“加拿大司法委员会”，处理法官违反职业道德的投诉和政府提请惩戒法官的建议，并为其规定了详细的操作程序。

在美国，司法职业道德规范一般由各州的司法职业道德委员会实施。为统一司法惩戒程序，美国律师协会和州司法学会制定了《司法惩戒示范规则》，对司法行为委员会的组成、职权、人员配备，法官惩戒的理由、惩戒种类、证明问题、调查程序、审理程序、决定程序等作出具体规定。联邦和各州的司法职业道德机构可以选择采纳这一示范规则。

对于各国司法职业道德实施机制的具体内容，这里不再详述，以下简要介绍这些

国家制度存在的一些共同特点：

1. 自治性

这一特点在普通法国家表现尤其突出。有的国家从全国司法系统中选任或指定一些资深法官组成司法委员会或司法行为委员会，专门处理法官违纪案件；有的司法委员会由法官、律师、普通民众共同组成，以保证组织代表的广泛性；有的国家则由最高法院行使这一职能。强调司法惩戒的自治性的基础是把职业道德规范作为法官职业的主要管理方式，同时把民众判断标准纳入法官行为约束之中。

2. 程序性和司法性

各国的司法职业道德实施机制正在逐步摆脱其传统的行政性，而建立一种合理、正当的惩戒程序。国外的这些惩戒机制都非常强调程序性或司法性。例如，为保障惩戒案件审理的中立性，调查人员不能参与审理，而只能作为辅助工作人员或者证人；审理时允许提供证据并根据一定的规则判断证据的效力；对于投诉人应当以合适的方式告知其程序进展情况等。其中，法官的程序权利的保护在各国都十分充分，而且这些程序与法院进行的司法诉讼程序十分相似。

3. 保护性

从许多国家的经验看，处理对法官的投诉时，除了实现整束法纪之目的外，更应侧重保护法官的程序权利，维护司法的独立性不受不当惩戒机制的影响，避免法官履行司法职责的积极性受到不应有的损害。

三、我国现行法官职业道德实施机制及评价

我国对法官行为的约束包括法律规范、纪律规范和职业道德等方面的约束，相应的机制也分为几种，其中法官职业道德实施机制应是我们这里讨论的重点。但是值得注意的是，在我国，法官职业道德的实施机制很不完善，法官职业道德的运行很大程度上还必须借用其他运行机制，如纪律运行机制，因此在讨论中还必须结合纪律运行机制等综合考虑。

（一）我国现行法官职业道德实施机制概况

到目前为止，我国有关法官职业道德行为的约束机制中，并不存在专门职业道德实施机制的制度和概念。可以引用的相关法律规范是《法官职业道德基本准则》第28条和《法官行为规范》第90、92、93条。《法官职业道德基本准则》第28条规定："各级人民法院负责督促实施本准则，对于违反本准则的行为，视情节后果予以诫勉谈话、批评通报；情节严重构成违纪违法的，依照相关纪律和法律规定予以严肃处理。"《法官行为规范》第90、92、93条规定："各级人民法院要严格要求并督促本院法官遵守本规范，具体由各级法院的政治部门和纪检监察部门负责。""地方各级人民法院应当结合本院实际，研究制定具体的实施细则或实施办法，切实加强本规范的培训与考核。""各级人

民法院广大法官要自觉遵守和执行本规范，对违反本规范的人员，情节较轻且没有危害后果的，进行诫勉谈话和批评教育；构成违纪的，根据人民法院有关纪律处分的规定进行处理；构成违法的，根据法律规定严肃处理。”

从上述规定可以看出，我国没有单独的法官职业道德实施机构，不存在专门的实施程序，也没有系统的惩戒方式。从我国的现状看，对于违反职业道德的惩戒多以纪律惩戒的运行机制和惩戒方式出现，职业道德实施机制也以纪律惩戒的方式得到存在，并被称为纪检监察制度。所以可以说我国现行法官职业道德实施机制是通过纪检监察机制体现出来，以纪律惩戒为主要表现形式的。究其原因，主要是因为我国法官职业道德规范形成比较晚，职业道德在法官管理中尚未获得其应有地位。在长期的法官管理实践中，我国实际上是将涉及法官职业道德规范的内容纳入了法律或纪律之中。例如，《法官法》第 7 条规定的法官应当履行的义务，第 11 章列举的法官须受到惩戒的各种行为，都与法官的职业道德有直接关联。最高法院也制定了一些关于法官惩戒的规章制度，如《人民法院监察工作暂行规定》《人民法院监察部门查处违纪案件的暂行办法》等。但在用语上却习惯于使用“法律责任”“纪律处分”等，而不是“职业道德惩戒”或“自律约束”等。

(二)纪检监察制度简介

根据最高法院的有关规定，我国的纪检监察制度主要包括以下几项内容：

1. 机构

我国各级人民法院的监察机构是人民法院行使监察职能、管理监察工作的专门机构，负责对法院及其工作人员进行监察。其具体监察职能包括监督制约、惩处违纪人员、教育防范、支持法院工作人员依法办事、保护法官工作积极性等。

2. 监察权限

人民法院的监察部门具有检查权、调查权、建议权和一定的行政处分权。

3. 监察活动的原则

人民法院监察机构行使职权，坚持依法独立行使职权原则、实事求是原则、适用法律和纪律上人人平等原则、依靠群众原则、惩教结合原则。

4. 控告与受理阶段

人民法院对于公民和机关、社会团体对法院工作人员提出的控告、投诉、检举，应当受理。受理之后，经初查成立的，进入立案程序；不符合立案条件的，作其他处理。

5. 案件调查与审理

调查是指监察部门查询核对情况、收取证据、认定证据的活动。审理则是由案件调查组将案件提交案件审理委员会或案件审理小组进行审理的活动，包括审核事实和证据、审议案件处理意见、提交审批等。

6. 申诉复查复议

法官受到处理后，有权利提出申诉，要求监察部门复查、复议。监察部门应当依照法定程序进行上述活动。

(三)我国现行职业道德实施机制评价

我国现行职业道德实施机制在维持司法风纪、惩治司法不良行为、保护法官权利方面发挥了积极的作用。但是,结合上述分析介绍可以看出,现行实施机制与现代司法制度和法官制度的要求还有很大距离。法官职业的特点主要表现在法官的独立性、专业性等方面。法官职业道德惩戒机制一方面应当体现出纯洁法官职业队伍,惩治违纪行为的目的;另一方面还应体现和维护法官权利,确保法官的独立性。而现行机制在机构设置、基本原则、运行程序等方面也存在一些问题,已经不能适应法官职业属性的要求,法官职业自身的特点以及司法权力的特点,都要求建立与之相适应的司法职业道德实施机制。概括起来,存在的主要问题有:

1.行政性过于强烈

惩戒程序的各方主体之间的关系更接近于行政管理模式,所遵循的程序也属于行政式的办事规程。法院的监察程序基本上也是行政程序。如前所述,法官惩戒程序分为以受理、立案、调查、审理、决定、报请上级人民法院批准、提请法定任免机关免职等步骤。各级法院都设有监察室负责法官惩戒案件的调查和处理,具有检查权、调查权、建议权和一定的纪律处分权。监察室设有监察员和助理监察员。较严重的法官惩戒案件的最终决定者是院长或院务会议。可见,现行惩戒机制中的惩戒组织、机构仍带有较浓的行政色彩,而司法色彩的起诉(指控)、听证(听审)、证据等环节比较弱。

2.对法官职业的特点体现不充分

我们至今仍对法院不同类别的工作人员包括审判员、助审员、执行员、书记员、司法行政人员等适用相同的惩戒程序。更重要的是,现行法官惩戒制度以我国党政机关统一实行的"纪检监察制度"为基础照搬过来,没有充分体现法官的职业特点。在这种程序中,被指控对象的程序权利也难有有力保障。

3.程序较简单

现行程序缺乏一些关键性的程序要素,如提起指控、审理程序、证据规则、证明标准、当事人权利等。在证据制度方面,现行制度中,除了以事实为根据,以法律为准绳的一般要求和一些事实调查方法外,并没有规定相应的证据制度。

四、改进职业道德实施机制的建议

综合上述对法官职业道德实施机制的分析和对国内外情况的介绍分析,改进思路应该是清晰明确的。

(一)实施机构

1.建立法官职业道德专门的实施机构是法官职业道德实施机制的基础

实施机构应符合下列基本要求:实施的性质应当是自治的,即由法官职业团体自身来组织实施机构。

2. 实施机构的组成人员应当来自法官职业群体内部

从国外情况看，实施机构的组成人员一般为资深法官。从国外情况看，也可以吸收部分法律界其他人士或公众参加，但应有相应的选拔要求和程序。有学者提出建议，认为应建立由法官组成的合议制的“法官惩戒委员会”，或者建立由法官、律师、公众共同组成的“法官惩戒委员会”，专司法官惩戒之职，并以合议制的委员会作出决定，而不是行政化的由法院院长审批决定程序。

3. 实施机构应具有独立性

实施机构应排除上下级和区域的划分关系，只依照职业道德规范和资深法官心中的道德准则处理道德案件，并以此形成范例。

(二)实施程序

实施程序方面可参照的经验很多，一方面，许多国家已经得到成功的实践，可以参照其程序设计；另一方面，由于职业道德实施机制的准司法性，也可以参考诉讼程序的相关原则和制度，如公平性、对抗性、举证责任归属、证明标准等各项原则和制度。

(三)法官的权利保护

现有的实施机制侧重于对法官的约束，而如前所述，一个合理的法官职业道德实施机制的重要目的，是保障法官的权利。因此对被诉法官的权利的保护应当成为职业道德实施机制中的重点。应赋予被指诉法官以各种程序权利，包括赋予其出庭权、示证权、质证权、聘请律师权、辩护权，并设计出合理科学的辩护制度等。

第四章 检察官职业道德

第一节 检察官职业道德概述

检察官职业道德，是检察官在行使检察权、履行检察职能的过程中应当遵守的行为规范，是法律职业道德的有机组成部分。

检察官职业道德主要体现在两方面的规范中：

一、法律规范

检察官职业道德与其应当遵守的法律义务具有一定的重合性，在《刑事诉讼法》《检察官法》以及其他有关法律中，也包含了检察官职业道德规范的某些内容。《检察官法》还把一些最基本的职业道德规范以义务性规范和禁止性规范的形式加以确认。第 3 条规定："检察官必须忠实执行宪法和法律，全心全意为人民服务。"第 8 条规定检察官必须履行下列义务："严格遵守宪法和法律；履行职责必须以事实为根据，以法律为准绳，秉公执法，不得徇私枉法；维护国家利益、公共利益，维护公民、法人和其他组织的合法权益；清正廉明，忠于职守，遵守法律，恪守职业道德；保守国家秘密和检察工作秘密；接受法律监督和人民群众监督。"第 35—37 条则规定了检察官不得实施散布有损国家声誉的言论等 12 类违法违纪行为以及实施这些行为的责任。

二、检察官职业道德和职业纪律规范

最高人民检察院为了加强队伍建设和管理，提高检察官的职业道德素质，增强职业纪律观念，先后制定实施了一系列行业性规范，如《检察人员纪律》《检察官纪律处分暂行规定》、《关于执行〈检察官纪律处分暂行规定〉有关问题的通知》、《对违法办案、渎职失职若干行为的纪律处分办法》、《人民检察院错案责任追究条例（试行）》、《关于最高人民检察院机关实行〈廉洁从检十项纪律〉的决定》（所规定的纪律也适用于地方各级检察机关、《最高人民检察院九条"卡死"的硬性规定》、《检察官职业道德

规范》)等。其中,《检察官职业道德规范》对检察官职业道德进行了高度概括,上述其他文件则对检察官应当遵守的具体职业道德规范和违反这些规范的纪律责任作了详细规定。

第二节　检察官职业道德的内容

检察官职业道德的基本内容可以概括为“忠诚、公正、清廉、文明”八个字。

一、忠诚

忠诚是每一名检察官必须具备的政治品格,也是检察官职业道德的基石,是检察官的职业本色。检察官既要严格执行法律,又要监督法律的切实遵行,纠正公安机关、人民法院和刑罚执行机关的违法行为。只有忠诚,才能不负党的重托,才能取信于人民。

忠诚作为一种道德品质,在中华民族传统文化中有着悠久的历史。《论语》将“文、行、忠、信”列为教育学生的四个条件,要求学生“言忠信”。“人无忠信,不可立于世”“不信不立,不诚不行”,把忠诚当作做人的底线。

当前将忠诚列为检察官职业道德之首又有了新的更加具有时代特点的含义。

从检察机关和检察官的属性来看,检察机关是国家法律监督机关,保证宪法和法律的正确实施,构筑维护社会公平正义的防线。检察官不仅自身要严格依法办事,还要监督其他执法机关正确履行法律,纠正执法过程中的违法行为。这一特殊职责使得检察官对忠诚有了新的要求和内涵。

《检察官职业道德基本准则(试行)》规定,检察官必须忠于党、忠于国家、忠于人民、忠于宪法和法律,要牢固树立依法治国、执法为民、公平正义、服务大局、党的领导的社会主义法治理念,做中国特色社会主义事业的建设者、捍卫者和社会公平正义的守护者。

从这一规定可以看出,检察官职业道德中的忠诚的内涵是十分丰富的。

(一)忠诚于党

忠诚首要的含义是忠诚于党。中国共产党是中国工人阶级和中华民族的先锋队,代表着中国先进生产力的发展要求,代表着中国先进文化的前进方向,代表着中国最广大人民的根本利益。检察官忠诚于党,就要坚定共产主义信念,坚定对党的事业的信心,接受和服从党的领导,与党中央保持高度一致,始终遵循党的路线,自觉贯彻党的方针,坚决执行党的政策,努力维护党的声誉和检察工作的正确政治方向;忠诚于党,就要坚决捍卫党的领导,认真贯彻落实党中央的重大决策部署,坚定正确的政治立场，从思想上、行动上与党中央保持高度一致。忠实履行法律监督职责，就要热爱人民检察事业，珍惜检察官荣誉，自觉接受监督制约，维护检察机关的形象和检察权的公信力。

（二）忠诚于国家

检察官法第35条规定，检察官"不得散布有损国家声誉的言论，参加非法组织，参加旨在反对国家的集会、游行、示威等活动，参加罢工。"这就要求检察官具有强烈的爱国主义精神，保持自尊、自信、自强的民族精神，自觉维护国家利益和国家尊严，在任何情况下，不说有损于国家形象的话，不做有损于国家利益的事。忠于国家，就要具有强烈的爱国主义精神，切实维护国家的主权、荣誉和利益，正确行使法律监督职权，化解社会矛盾，维护社会稳定。

（三）忠诚于人民

检察官法第3条规定，检察官必须忠实执行宪法和法律，全心全意为人民服务。检察官手中的权力来自人民，也必须服务于人民。忠诚于人民，在思想上，就必须牢固地树立"人民利益高于一切"和"执法为民"的意识；在行动上，必须始终把人民利益放在检察工作的首位，为人民用好权，切实保障宪法和法律赋予人民的权利得到充分实现，为人民的工作、生产、学习和生活创造良好的法治环境。忠诚于人民，就要坚持立检为公、执法为民的宗旨，维护最广大人民的根本利益，保障民生，服务群众，亲民、为民、利民、便民。忠于宪法和法律，就要坚持"强化法律监督，维护公平正义"的检察工作主题，树立正确的执法理念，严格执行宪法和法律的规定，自觉维护宪法和法律的统一、尊严和权威，努力实现执法办案的法律效果、社会效果和政治效果的有机统一。

（四）忠诚于宪法和法律

检察工作的性质，要求检察官必须做到尊崇宪法和法律，严格执行宪法和法律的规定，自觉维护宪法和法律的统一、尊严和权威。忠诚于宪法和法律是与"以事实为根据，以法律为准绳"这一检察工作的基本原则相互重合的。"忠于事实"与"忠于法律"紧密联系，相辅相成，缺一不可。忠于法律必须首先做到忠于事实，落实到检察官的职务行为中，就是要注意查明并忠实于案件事实真相；处理案件，要切实做到事实清楚，证据确实、充分。忠于事实又必须同时忠于法律，要求检察官在查明事实真相的基础上，准确理解和执行法律，处理案件做到程序合法，适用法律无误。

（五）树立社会主义法治理念，做中国特色社会主义事业的建设者、捍卫者和社会公平正义的守护者，忠诚于人民检察事业

这就要求检察官恪尽职守，不仅要有为国从检、为民执法的工作态度，爱检敬业、勤奋工作、甘于奉献的工作精神，公正无私、尽心尽责、舍身护法的工作责任心，还要自觉维护检察权行使的正当性。

忠诚不仅是一项道德准则，也是一种内心的情感，是一种发自内心的力量。它要求检察官热爱人民检察事业，珍惜检察官荣誉，忠实履行法律监督职责，自觉接受监督制约，维护检察机关的形象和检察权的公信力。《检察官职业道德基本准则（试行）》不仅提出了忠诚的职业道德要求，还规定初任检察官、检察官晋升，应当进行宣誓，牢记誓词，弘扬职业精神，践行从业誓言。这是以特定的仪式将忠诚从较为抽象的概念显现出来，进而感染检察官，使之内化成为一种内心的情感和信念，成为检察官自觉奉行的道德指针。

二、公正

公正是司法活动的基本价值追求，是社会主义法治理念，是检察官的职责要求，也是检察官职业道德的核心内容和基本要求，是检察官职业崇高的价值追求。

检察官的公正观一方面应与社会主流价值取向一致，如应树立忠于职守、崇尚法治、秉公执法、维护公平正义的理念；坚守惩恶扬善、伸张正义的良知；保持客观公正、维护人权的立场；养成正直善良、谦抑平和的品格；培育刚正不阿、严谨细致的作风。另一方面，作为检察官职业道德层面的公正，比普通道德准则中的公正具有更深刻、更专业化的内涵。作为检察官职业道德也有与其职业相关联的不同于普通道德要求的内涵，如与普通道德准则更强调实体公正不同，检察官职业道德坚持实体公正与程序公正并重，甚至在某些情况下会更重视程序公正；再如，普通道德准则既强调维护公共利益，也强调维护个人利益，而检察官作为国家法律的监督者，职业要求其以国家和社会公共利益的维护者的身份参与社会关系，因此检察官职业道德会将维护社会公益放在首要位置。

检察官所应秉持的公正理念主要包括：

（一）在内心深处树立公正的理念

《检察官职业道德基本准则》第 14 条规定，检察官应："树立忠于职守、秉公办案的观念，坚守惩恶扬善、伸张正义的良知，保持客观公正、维护人权的立场，养成正直善良、谦抑平和的品格，培育刚正不阿、严谨细致的作风。"从这一规定可以看出，检察官职业道德对公正的要求是要求检察官将公正的理念内化于心，进而落实于行；是要求检察官不仅仅是遵守法律义务，而是要深刻理解法律所体现的公正的精神。只有在内心建立对公正的认同之后，才有可能将公正的道德准则转化为外在的实践公正的职业行为，才有可能使检察官深刻理解法律精神，自觉履行义务。对于以法律监督为己任的检察官而言，公正应成为其自觉的价值追求、律己的职业准则和终身不懈的奋斗目标。因此检察官职业道德准则才会将公正作为职业道德准则的重要内容，希望通过道德的力量，使公正的理念内化于心、外化于行，增强检察官履行职业、尊重法律的自觉性。

(二)坚持法律公正，树立通过严格执行法律来体现公正的职业理念

《检察官职业道德基本准则》第17条规定，检察官应："以事实为根据，以法律为准绳，不偏不倚，不滥用职权和漠视法律，正确行使检察裁量权。"检察官职业道德中所坚持的公正是法律公正，这是与普通公众所持有的公正观有所不同的。这种公正观要求检察官必须在法律的框架内追求公正，不得以滥用职权和漠视法律的理念和方式来追求公正。这就要求检察官在思想观念上比普通人具有更强的法律意识和职业意识，时刻意识到检察官是法律的监督者，必须时刻保持对法律的尊重，维护法律权威。更具体地说，就是要求检察官必须具备在法律的框架内思考问题和履行职务的理念，如必须时刻自觉地奉行罪行法定、罪刑相适应、保障人权等法治理念，坚持依法正确行使检察裁量权。只有检察官将法律公正内化为自己的职业信念，才有可能提高公正执法的自觉性和主动性，最终保证执法过程和执法结果的公正性。

(三)树立证据意识，使公正成为建立在客观求实基础上的可靠的公正

《检察官职业道德基本准则》第18条规定，检察官应："树立证据意识，依法客观全面地收集、审查证据，不伪造、隐瞒、毁损证据，不先入为主、主观臆断，严格把好事实关、证据关。"检察官的公正与客观是密不可分的，检察官的职业性质要求其在执行职务中保持客观公正的立场，对有利于和不利于被追诉人的各种因素，包括对各方有利和不利的因素，特别是一切对犯罪嫌疑人有利或不利的情况，都必须注意到，放过这些因素既是失职的表现，也违反其职业道德。这也就是说，检察官的职业性质要求其不仅是追诉犯罪，而且是依照法律和客观事实公正地追诉犯罪，只有这样才能保证法律公正地实施。换句话说，法律的公正性是通过检察官依照法律和客观事实追诉犯罪的职业活动体现出来的。

这种客观公正的要求表现在检察官职业活动的多个方面。首先，从理念上讲，检察官必须建立努力发现客观事实，摒弃主观猜测，坚守证据规则的观念，必须坚持"以事实为根据、以法律为准绳"的原则，做出的一切诉讼处理决定都应当建立在相应的事实基础之上。其次，必须充分地认识证据的意义和重要性。一方面，司法活动是根据证据认定案件事实，再依据案件事实适用法律。案件中所有事实，都需要相应的证据来证明。另一方面，证据不仅是认定案件事实的根据和基础，还制约着诉讼活动发生、发展和终结，如是否可以立案、是否应采取强制措施等，都取决于证据的状况。最后，从实践和操作上看，重证据体现在司法活动的各个环节，这就更需要检察官树立客观公正的职业道德理念，在各项具体的职业工作中体现重证据的职业要求，维护职业和法律的公正性。具体地说，就是在办理案件的过程中，依照法定程序全面搜集能够证实犯罪嫌疑人、被告人有罪或者无罪、犯罪情节轻重的各种证据，不得隐瞒证据或者伪造证据，特别值得注意的是对无罪证据、罪轻证据也要注意收集，这是实践中容易忽视的。还有特别值得注意的一个方面，检察官在坚持"以事实为根据、以法律为准绳"的

原则，努力收集证据、发现客观事实的同时，还应当向辩护律师全面提供自己掌握的证据材料，尤其是对被告人有利的材料。这一方面是确保证据材料经得起多方质疑和推敲，确保证据可靠性的需要；另一方面也是维系司法基本架构，体现司法对抗性的需要，它使得诉讼各方在一个公正确定的诉讼环境下参与诉讼活动，从而有利于控制司法人员的主观随意性及个人偏私，这本身就是一种以实现公正为目的的制度安排。

（四）坚持依法独立行使检察权原则，秉公办案，不受其他因素干扰

《检察官职业道德基本准则》第 15 条规定，检察官应："依法履行检察职责，不受行政机关、社会团体和个人的干涉，敢于监督，善于监督，不为金钱所诱惑，不为人情所动摇，不为权势所屈服。"依法独立行使检察权既是我国宪法确定的原则，也是刑事诉讼法的一项基本原则。宪法明确规定，人民检察院独立行使职权，不受行政机关、社会团体和个人的干涉。这是检察机关作为司法机关应具有的独立性宪法依据。这一设计的法理依据是：检察权是专门化的国家权力，只能由检察机关代表国家行使，对于检察权行使的过程及结果，检察机关和检察官必须承担法律责任，其他机关、团体和个人非经法律授权不得行使检察权；而为了确保检察权的专门化，维护法制的统一，检察权的行使必须具有排除干涉性，即检察机关、检察官依法履行检察职责，不受行政机关、社会团体和个人的干涉。

将依法独立行使检察权作为检察官职业道德准则提出来，并作为保障公正的一项内容，是基于行使职权的独立性是检察权的一个基本属性，也是实现和保障公正的重要基础，检察权如果失去了独立性，也就难以实现和维护公正。

在我国，依据宪法等法律的规定，检察机关独立行使职权主要是指检察机关行使其职权时，不受行政机关、社会团体和个人的干涉。《检察官职业道德基本准则》的规定是在此基础上对检察官提出了更高的要求，除了要达到法律要求的"不受行政机关、社会团体和个人的干涉"，以外，还强调"不为金钱所诱惑，不为人情所动摇，不为权势所屈服"，从遵守法定义务上升到了坚守内心信念的道德层面。

这项道德准则的具体体现表现在两个方面。

从工作方面来说，首先，检察官应依法履行职责。检察官的主要职责是依法进行法律监督，而排除干扰，独立办案正是依法进行法律监督的重要保证。检察官应严格按照法定的范围、程序行使其权力，既不自创权力或超越职权，也不背弃权力或滥用职权。其次，在法律确立了检察官依法独立行使职权的制度框架之后，检察官自身应提高其职业道德修养，"不为金钱所诱惑，不为人情所动摇，不为权势所屈服"，做到"敢于监督"。最后，检察官不仅应具有监督的勇气和信念，还要有监督的技术和能力，要"善于监督"。这一准则要求检察官提高履行其职业的能力，这种能力是打击各种犯罪的能力、处理各种纠纷的能力、监督其他机关和人员的能力等等。

从个人品格来说，检察官要具备独立的素养，在执行职务的过程中，应当能够对证

据、案件事实进行独立的判断,敢于和善于坚持正确的意见;在处理对外关系中,要正确认识自己的法律地位和法律身份,独立于行政机关、企业事业单位、社会团体、其他社会成员个人以及新闻媒体、公众舆论之外行使检察权,不受任何外在的非法干预,不为权贵所逼迫,不为关系所左右,不为人情所利用。在处理内部关系中也应保持独立品格,检察官既不能非法干预他人办理案件,也不能为他人的非法干预所左右。

(五)坚持回避制度,确保不受个人利益和情感因素影响,保证处理案件的公正性

《检察官职业道德基本准则》第 16 条规定,检察官应:"自觉遵守法定回避制度,对法定回避事由以外可能引起公众对办案公正产生合理怀疑的,应当主动请求回避。"

回避制度是一项重要的法律制度,其目的在于排除对案件的不当干扰,确保案件审理的公正性。回避制度在检察官法和诉讼法中均有明确规定。如《刑事诉讼法》规定,检察官具有下列情形之一的,应当自行回避:(1)是本案的当事人或者是当事人的近亲属的;(2)本人或者他的近亲属和本案有利害关系的;(3)担任过本案的证人、鉴定人、辩护人、诉讼代理人的;(4)与本案当事人有其他关系,可能影响公正处理案件的。检察官接受当事人及其委托的人的请客送礼和违反规定会见当事人及其委托的人的,当事人及其法定代理人同样有权要求其回避。

回避制度实际上是从制度上保证检察权行使的独立性和公正性。检察官职业道德要求检察官不徇私情,排除私利。一方面,人是有感情的动物,也容易受到利益的影响。谁也不能保证面对亲情和利益能做到毫不动心,回避制度正是为了排除动心的可能性,确保案件处理的公正性。另一方面,即使亲情和利益是可以被良好控制的,但当一个案件的处理是夹杂着处理案件的检察官个人的亲情和利益因素的时候,就很难让公众相信这个案件处理的结果是公正的,也就是我们常说的没有把公正的实现过程展示给公众看,设置回避制度的意义也正在此。

检察官应遵守回避制度自不待言,这是一项法律制度,必须遵守。而《检察官职业道德基本准则》强调的是从道德上提高认识,从内心建立遵守这项制度的自觉性。《检察官职业道德基本准则》第 16 条要求的是自觉遵守法定回避制度,遇有应回避的情形,应当主动请求回避。这意味着检察官应充分而深刻地理解回避制度的意义,从更高的高度来认识情与法、利益与法的关系。将个人的情感和利益诉求置于法律的框架内。另一方面,应充分认识到不仅要实现公正,还应当以看得见的方式实现公正的意义。即使排除了情感和利益因素公正处理了一个案件,但因处理的过程违背了公正的准则,总体上看仍然是不公正的。只有在道德上深刻理解了回避制度的意义,内化为内心信念并外化为行动,才能做到自觉遵守法定回避制度,当遇有应回避的情形时,主动请求回避。

(六)树立人权意识,坚持法律面前人人平等,公正地保护每一个当事人

《检察官职业道德基本准则》第 20 条规定,检察官应:"树立人权保护意识,尊重诉

讼当事人、参与人及其他有关人员的人格，保障和维护其合法权益。”

保障人权既是一项宪法原则，也是司法活动中的一项重要原则。检察机关是国家的法律监督机关，检察机关的职责就是监督法律实施、保障法制统一，保障人权。检察官代表国家行使法律监督权，是履行检察职责的具体主体，在人权保障方面负有特殊的责任，其职业活动必然也必须体现宪法的基本精神，即尊重和保障人权。更进一步说，检察官法律监督权的一项重要内容就是防止公权力拥有者侵犯公民的人权，因此检察官在保障人权方面还担负着更重要责任，发挥着更重要的作用。联合国《关于检察官作用的准则》第12条规定：“检察官应始终一贯迅速而公平地依法行事，尊重和保护人的尊严，维护人权从而有助于确保法定诉讼程序和刑事司法系统的职能顺利地运行”。这一规定清晰地表述出了检察官在保护人权方面的重要作用。

就检察官职业道德中公正而言，其中所包含的保障人权包括以下两个方面的内涵：

1. 保障人权指检察官在履行法律监督职责中，必须保障公民的合法权益不受非法侵犯

具体地说，既包括保护公民的合法权益，也包括保障无罪的人不受法律追究；既包括使有罪的人依法受到公正的处罚，也包括保障诉讼参与人的诉讼权利，尊重当事人的人格，将犯罪嫌疑人、被告人作为人来对待。

检察机关的性质决定了检察机关肩负着追诉犯罪和保障人权的双重使命，检察机关既要通过侦查、公诉追诉犯罪，又要通过诉讼监督保障人权。尊重和保障人权是检察机关和检察官的宪法义务，也是检察官的道德责任。保障人权是贯穿法律监督职能始终的重要目标。例如在立案阶段，检察官应严把诉讼源头，依法履行立案监督职责，对公安机关应当立案而不予立案的情况，有权通知公安机关立案侦查以纠正其错误行为，保障有关人员的合法权利；对于公安机关不应当立案而立案的情况也应当进行法律监督，防止滥用刑事诉讼程序处理纠纷侵犯人权。在侦查阶段，检察机关要依法履行侦查监督职责，对侦查机关的专门调查工作和有关强制措施的合法性进行监督，及时发现和纠正侦查活动中的各种违法情况，使无罪的人不受刑事追究，使诉讼参与人的诉讼权利不受侵犯，从而保护公民的合法权益；检察官在侦查阶段还应保障犯罪嫌疑人、被告人的一系列诉讼权利。在审查起诉阶段，检察机关对侦查终结的案件进行审查和起诉，同样是对侦查活动的合法性的审查和监督，检察官在审查起诉阶段要依法保障犯罪嫌疑人、被告人的权利。在审判阶段，检察机关对人民法院的审判行使监督权，其既包括对人民法院刑事审判活动是否有违反法律规定的诉讼程序的监督，也包括对法院的刑事判决、裁定是否正确的监督，保障及时准确地惩罚犯罪分子，保障无罪的人不受刑事追究；同时也监督人民法院在审判活动中有无尊重和保护诉讼参与人的诉讼权利。

2. 保障人权还意味着必须平等对待各方当事人

平等对待既是实现正义的方式，更是正义的支撑和载体。一般意义上理解，平等对待包括三方面的内容：一是法律应普遍适用于所有人，不允许任何人有任何特权，触犯法律均同样受到法律的追究和制裁；二是法律不会基于任何不合理的因素而对不同人作出不合理的区别，即所有公民不因民族、种族、性别、职业、社会出身、宗教信仰、教育程度、财产状况、居住期限等差别在法律上受到歧视或偏见，不允许存在法外特权；三是同种情形同等处理。对于具备相同的情形、相同的诉讼地位和法定条件的案件或者当事人，要给予同样的对待和处理，同种情形的案件的处理结果必须保持前后的一致性；对于具有不同的情形、不同的诉讼地位和法定条件的案件和当事人，要给予与该情形、地位、条件相适应的对待和处理。

在我国，平等对待具体表述为坚持法律面前人人平等原则。对检察官而言，法律面前人人平等意味着在实体法面前人人平等，程序法面前人人平等和反对特权三层含义。

（七）坚持程序公正与实体公正并重

《检察官职业道德基本准则》第19条规定，检察官应："树立程序意识，坚持程序公正与实体公正并重，严格遵循法定程序，维护程序正义。"程序公正和实体公正同属司法公正不可偏废的两个方面，是衡量司法机关及其工作人员是否公正执法的不可或缺的两个标准。检察官既肩负着公正执法的职责，也担负着监督其他有关机关公正执法的使命，自觉维护程序公正和实体公正是其义不容辞的法律责任和道德责任。

在法律上公正有两种表现形式，即实体公正和程序公正。实体公正是指案件实体的结果处理所体现的公正。实现实体公正要求：第一，正确适用法律，准确认定犯罪嫌疑人、被告人是否有罪及其罪名；第二，据以定罪量刑的证据应确实、充分；第三，对于错误处理的案件及时纠正。程序公正是指诉讼过程方面体现的公正。实现程序公正要求：第一，遵守诉讼程序法的规定；第二，保障当事人的诉讼权利；第三，禁止以非法手段获取证据；第四，排除不当干扰，依法独立办案；第五，保证诉讼的公开性；第六，按照法定期限办案、结案。

程序公正与实体公正紧密联系，又相对独立。公正的程序具有产生和保障实体公正的功能。实体是否公正是衡量程序本身是否公正的重要标准，但值得注意的是程序公正有其相对独立的价值，是否实现了实体公正不是衡量程序公正与否的唯一标准。人们常说，正义不仅应当实现，而且应当以人们看得见的方式实现，程序公正正是将公正展示给人们，使其看得见的重要途径，这就是程序公正独立的重要价值所在。因此衡量程序是否公正，还必须考虑实体之外的一些独立标准，如与案件存在着法律上利害关系的人都能充分地参与到诉讼中，诉讼各方的诉讼权利得到充分保障，诉讼职权行使严格遵守法定程序，裁判者与案件和案件当事人没有利害关系等。

由此可以看出，实体公正与程序公正各自具有独立的内容和价值，两者不可混同、替代。同时，实体公正和程序公正又是相互依存、不可分离的。实体公正有赖于程序公正，程序公正是追求实体公正的重要手段，缺失公正的程序难以保障实体公正的实现。正当、合法的程序既是实体公正的重要保障，又是衡量司法公正的一个独立标准。程序公正与实体公正这种既紧密联系又相对独立的关系说明，通过公正的程序来实现实体公正，才是司法公正的最佳状态，检察官必须摒弃片面的程序公正价值观，树立程序公正与实体公正并重的观念，既追求和维护实体公正，又追求和维护程序公正。

就我国当前情况而言，强调对程序公正的重视具有特别重要的意义。《检察官职业道德准则》第19条在要求程序公正与实体公正并重的同时，还特别强调了要“严格遵循法定程序，维护程序正义”。这是因为在我国，重实体轻程序的观念和做法依然存在，表现为更重视事实真相的查明和案件结果的合理性，而不重视法定程序，忽视当事人程序权利。近年来发生的多起冤案，究其原因都和这种观念和做法有关。因此在当前情况下，强调严格遵循法定程序，严格依法保障当事人的诉讼权利就显得特别重要。同时程序法是否完备，是否得到严格遵守也成为衡量一个国家法治化程度、法律公正程度、人权保障程度的重要标志。

在这种背景下，检察官应更加关注程序公正的价值和意义。一般而言程序公正价值和意义包括几个方面。第一，保障实体公正的实现。实体公正是一种结果的公正，而任何结果都是经过一定的过程得以实现的。公正程序的设计，能够保证执法司法机关正确地发现案件的真实情况，全面客观地收集证据，准确地适用法律，正确地处理案件，进而保证实体公正的实现。第二，赋予当事人充分的权利并提供权利被侵犯时的救济渠道，有效地保障人权。程序公正要求尊重和保障当事人的人格尊严和主体地位，保障其应有的权利，使其主张和意见得到充分表达，增强司法决定的可接受性。第三，规范执法行为，克服执法者的随意性，防止权力的滥用。程序正义的一个突出功能就是对权力可能被滥用进行限制和制约。

（八）尊重律师、法官和其他检察官，以保障案件公正审理

《检察官职业道德基本准则》第21条、22条、23条规定，检察官应“尊重律师的职业尊严，支持律师履行法定职责，依法保障和维护律师参与诉讼活动的权利”。检察官“出席法庭审理活动，应当尊重庭审法官，遵守法庭规则，维护法庭审判的严肃性和权威性”。检察官应“严格遵守检察纪律，不违反规定过问、干预其他检察官、其他人民检察院或者其他司法机关正在办理的案件，不私自探询其他检察官、其他人民检察院或者其他司法机关正在办理的案件情况和有关信息，不泄露案件的办理情况及案件承办人的有关信息，不违反规定会见案件当事人、诉讼代理人、辩护人及其他与案件有利害关系的人员”。检察官、法官和律师共同组成一个国家的法律职业共同体，遵循共同的法治理念，共同担负着法律实施的职责，也共同维护着社会公正，因此三者之间有分工，也存在分歧，但却在追求相同的价值目标。例如检察官和律师，在法庭上唇枪舌剑，但却是从不同角度努力促成社会正义的实现。因此从职业道德上强调三者互相尊

重对于法律职业共同体的构建是非常重要的。而检察官对其他检察官的尊重则表现为不违反法律和纪律，不干扰和影响其他检察官处理案件，保障检察官依法办理案件。

（九）提高办案效率，节约司法资源

《检察官职业道德准则》第24条规定，检察官应“严守法定办案时限，提高办案效率，节约司法资源”。司法活动中的效率是指以一定的司法资源投入换取尽可能多的案件的处理，降低司法活动成本，减少案件积压和司法拖延。

一般而言，及时高效包括三方面内容。一是提高时间效率，减少工作拖延。检察机关的工作性质和工作程序性决定了时间性要求，如果对出现的事情不能及时处理，会使受损害的秩序不能得到及时恢复，影响公众对法治和公正的信仰，即人们常说的迟到的公正不是公正。二是降低司法活动成本。以较低的成本投入、资源消耗取得较好法律效果和社会效果，实现社会公正。社会正义是无法用资源成本衡量的，然而实现正义的资源是有限的，以尽可能低的司法资源消耗实现社会公正本身就是一种公正的体现。实现司法活动成本的降低一方面有赖于检察官等司法人员在工作中应努力降低资源消耗，如检察官在工作中应做到分类处理；对于案情简单、事实清楚、证据确实充分、犯罪嫌疑人认罪的轻微刑事案件，可依法快速处理，简化工作流程，缩短办案期限；再如在法律规定的时限内能够及时结案的，要尽早结案，防止一切不必要的拖延。三是从制度设计入手，建立合理的制度安排，只有这样才能最大限度地提升效率，当然这已经不属于检察官职业道德范畴的问题了。

值得注意的是，这里所说的效率是在公正前提下的效率，在司法活动中，效率永远是公正前提下的效率，公正永远是评价效率的基本尺度，效率只有在公正的前提下才具有意义。尽管人们常说，公正与效率都是法治社会所追求的重要价值，两者是相互依赖、相互制约的统一体，从辩证的意义上说，这当然是对的，但是就具体的司法活动和检察官的道德要求而言，公正总是优先的，效率总是以公正为前提的。

三、清廉

清廉是指人的行为品行正派，克己奉公，不贪污腐化，不奢侈浪费，不以权谋私，不贪赃枉法，不徇私枉法。我们党的性质、宗旨和国家政权的性质决定了为政必须清廉，为官必须清廉。检察官是专司法律监督的司法工作人员，更应自觉恪守清廉的职业本色，以保证检察权的正确行使，维护人民群众的切身利益，实现社会公平正义，维护国家的长治久安和社会稳定。

根据《检察官职业道德基本准则》的规定，检察官职业道德中清廉的内容主要包括以下4个方面：

（一）模范遵守法纪，严格自律

这是对检察官清廉职业道德的总要求。

《检察官职业道德基本准则》第26条规定，检察官应"以社会主义核心价值观为根本的职业价值取向，遵纪守法，严格自律，并教育近亲属或者其他关系密切的人员模范执行有关廉政规定，秉持清正廉洁的情操。"模范遵纪守法，严格自律是检察官有效监督、保障法律正确实施和捍卫法律尊严的基本保证。一个清廉的检察官不仅应当在执行职务的过程中，而且也应当在处理工作之外的其他关系和实施一切个人行为的时候，模范地、自觉地遵守法律、纪律和其他相关规定。作为职业道德准则，更重要的是建立一种廉洁的情操，使清廉成为一种行为习惯，时时自觉保持清廉。

由此看来，从道德上讲，清廉是一种较高的道德境界，对于不掌握公共权力的普通人来说可能属于高限道德，属于应提倡而非强制的范畴，而对于检察官来说则是一种道德底线，是必须达到的境界。因为清廉对于普通人来说，仅是一项个人品行，而对于检察官来说，由于其掌握着国家的法律监督权，清廉就不仅仅是关系到个人的价值观、道德修养和生活方式问题了，而是关系到检察官正确行使其掌握的法律监督权，关系到法律的实现，关系到社会公正的实现。因此清廉对检察官而言，不仅是法律义务，也是必须达到的职业道德要求。

从道德要求来看，检察官的清廉应建立在一种高度自觉之上。检察官应在长期的学习锻炼过程中，形成律已、谨慎的修养状态。律己就是自身具备严格的言行准则，加强自律，严守规矩，形成严格约束自己的习惯；谨慎是指谨慎使用手中的权力，谨慎自己的言行和生活习惯，谨慎与人交往。

检察官的清廉极其重要还在于它能产生是一种表率作用。如古人所言："公生明，廉生威。"法律的权威性来源于法律自身，更来源于法律执行者行为的示范效应。检察官清正廉洁、不谋私利、公正执法，是对法律公正性权威性的最好也是最重要的支撑。因此，检察官恪守清廉，对于维护法律的尊严，确保检察权有效运行，维护检察官的形象，对全社会的示范效应都是极其重要的。

（二）不利用职权获取不正当利益

《检察官职业道德基本准则》第27、28、29条规定，检察官必须做到"不以权谋私，以案谋利，借办案插手经济纠纷"，"不利用职务便利或者检察官的身份、声誉及影响，为自己、家人或者他人谋取不正当利益；不从事、参与经商办企业、违法违规营利活动，以及其他可能有损检察官廉洁形象的商业、经营活动；不参加营利性或者可能借检察官影响力营利的社团组织"，"不收受案件当事人及其亲友、案件利害关系人或者单位及其所委托的人以任何名义馈赠的礼品礼金、有价证券、购物凭证以及干股等；不参加其安排的宴请、娱乐休闲、旅游度假等可能影响公正办案的活动；不接受其提供的各种费用报销，出借的钱款、交通通讯工具、贵重物品及其他利益"。

从检察官的工作特点看，由于掌握法律监督权，容易成为被监督者拉拢、腐蚀的对象，和普通人相比，各种利益的诱惑会更加频繁和强烈，利用手中的权力谋取私利也更容易。因此检察官的清廉自持，不利用职权获取不正当利益就成为其职业道德上的重要要求，这是容易理解的。这就要求检察官不以权谋私、以案谋利、借办案插手经济纠纷。不利用职务便利或者检察官的身份、声誉及影响，为自己、家人或者他人谋取不正当利益；不收受案件当事人及其亲友、案件利害关系人或者单位及其所委托的人以任何名义馈赠的礼品礼金、有价证券、购物凭证以及干股等；不参加其安排的宴请、娱乐休闲、旅游度假等可能影响公正办案的活动；不接受其提供的各种费用报销、出借的钱款、交通通讯工具、贵重物品及其他利益。另一方面检察官应与商业活动保持距离也应引起注意。检察官职业属性要求检察官独立于案件的利害关系之外，独立于利益纷争的主体之外，而参与商业活动则容易使检察官成为与纠纷主体存在千丝万缕联系的商人或商人群体的一员，这必然会影响检察官正确行使其手中的监督权。这就要求检察官不从事、参与经商办企业、违法违规营利活动，以及其他可能有损检察官廉洁形象的商业、经营活动；不参加营利性或者可能借检察官影响力营利的社团组织。

《检察官职业道德基本准则》第 27、28、29 条的规定还只是列举了不利用职权获取不正当利益的主要情况，从更广的意义上说，凡是因职务和职权关系而获取的个人利益在道德上均应视为不当。

（三）谨慎处理检察官职业与其他职业活动的关系

《检察官职业道德基本准则》第 30、31 条规定，检察官“不兼任律师、法律顾问等职务，不私下为所办案件的当事人介绍辩护人或者诉讼代理人”。检察官“在职务外活动中，不披露或者使用未公开的检察工作信息，以及在履职过程中获得的商业秘密、个人隐私等非公开的信息”。

根据宪法，检察官是依法行使国家检察权的检察人员，其职权和职责包括依法进行法律监督；代表国家进行公诉；对法律规定由人民检察院直接受理的犯罪案件进行侦查以及法律规定的其他职责等。而律师是指具有法律知识，经国家司法考试合格，国家司法行政机关批准，为社会提供法律服务为职业的法律工作者。在刑事诉讼中，检察官为公诉人，律师为辩护人，检察官追诉犯罪，对犯罪行为代表国家提起公诉，是攻方，律师为犯罪行为辩解、回护，以求得罪轻或无罪的结果，是守方。显然无论是从法律规定的性质上看，还是从控辩双方对抗的逻辑上看，检察官和律师都是不容混淆的。因此检察官不得兼任律师是理所当然的。

从实践中的问题看检察官一般难以直接兼任律师，但往往可以通过为当事人推荐介绍律师的方式与律师建立某种关系，从而获取某种利益。这种行为同样破坏了法律规定的检察官和律师的职责属性，也破坏了检察官和律师之间的控辩关系，为法律、纪律和职业道德所不许。例如重庆市检察院在剖析近年来检察人员违纪违法案件的基础上，针对检察人员与律师交往中需要注意的问题，在 2010 年 3 月 30 日颁布了《检察人员在诉讼活动中与律师交往的行为规定(试行)》,以防止检察官在办案中与律师勾结。《检察人员在诉讼活动中与律师交往的行为规定(试行)》要求,应在各级检察院设立律师接待室,接待律师由两名以上检察人员进行,并做好记录。而检察人员不得为案件当事人推荐、指定律师;为律师打听案情、通风报信或向其他检察人员打招呼、托关系、影响案件的正常诉讼;批准律师向被害人或者其近亲属、被害人提供的证人收集与案件有关的材料;帮助律师调查、收集与案件有关的证据;安排律师会见在押的犯罪嫌疑人;向律师泄露案件的办理情况及案件承办人的有关信息和检察机关内部对案件的审查、讨论、处理意见;为律师提供其他与案件有关的帮助。如果有检察人员违反规定,检方将视情节给予诫勉谈话、责令检查或组织处理;构成违纪的,会给予相应的纪律处分;构成犯罪的,可依法追究刑事责任。这是对《检察官职业道德基本准则》的进一步细化,很有意义。

保密义务既是检察官应当遵守的职业道德,也是检察官应当遵守的职业纪律。要求检察官遵守保密义务旨在保护国家利益和诉讼参与人的合法权益,其保密内容包括检察官在履行职务过程中获得的有关检察信息、商业秘密和个人隐私。检察官遵守保密义务的重要性从政治上讲,关系到党、国家和人民的利益;从法律、纪律和职业道德上讲,关系到法律监督权的正常运行,检察工作的顺利开展,检察官在公众中的形象以及案件相关组织和个人的合法权益。

(四)妥善处理个人事务和言行

《检察官职业道德基本准则》第32、33条规定,检察官应"妥善处理个人事务,按照有关规定报告个人有关事项,如实申报收入;保持与合法收入、财产相当的生活水平和健康的生活情趣"。"退休检察官应当继续保持良好操守,不再延用原检察官身份、职务,不利用原地位、身份形成的影响和便利条件,过问、干预执法办案活动,为承揽律师业务或者其他请托事宜打招呼、行便利,避免因不当言行给检察机关带来不良影响"。

检察官应妥善处理个人事务,按照有关规定报告个人有关事项,如实申报收入既是职业道德,也是职业纪律;而保持与合法收入、财产相当的生活水平和健康的生活情趣则具有更大的弹性,更多地体现为职业道德要求。

从重要性来讲,保持与合法收入、财产相当的生活水平和健康的生活情趣对于检察官保持正常的生活状态极其重要。当一个人正常的生活状态发生了变化,其手中又握有一定权力的时候,利用权力来维持其非正常的生活状态的情况就往往会发生。实践中的材料表明,不少检察官走上腐败的道路都是从虚荣、奢靡的生活方式开始的。如果沉溺于高档娱乐、消费场所,爱好攀比,追逐生活享受,私生活不检点,就很难抗拒诱惑,保持一名检察官应有的清廉。生活情趣是个人品行和修养的直接体现。生活情趣看似小事、小节,但小中见大。生活情趣是人格的外在表现,反映了一个人的价值取向，影响着人生抉择和事业发展。

洁身自好。检察官在私生活中应当行为检点，不得出入不适当的场所，不得参加不正当的饮宴应酬活动，不得穿着检察正装、佩戴检察标识到营业性娱乐场所进行娱乐、休闲活动或者在公共场所饮酒，同时，检察官交友应当慎重，不得与不当人士往来应酬。

然而如何界定与合法收入、财产相当的生活水平和健康的生活情趣却是一件比较困难的事，因为其标准具有较大的弹性。正因如此，这一要求才主要体现为道德要求。一般而言，可以把与合法收入、财产相当的生活水平理解为保持个人生活简单、平实，生活习惯要与自己家庭的收入水平相适应，与明显的奢侈生活保持距离，如不应过度使用高档奢侈品等；可以把健康的生活情趣理解为兴趣爱好健康向上、科学合理、有益身心、有益社会，如不参与赌博、色情、封建迷信活动等。

清廉还是对检察官终生的职业道德要求。退休检察官尽管已离开工作岗位，但仍可能有一定的人际关系，而这种人际关系的不当运用可能带来两方面的不良影响：一方面影响到检察官的形象，给公众造成人际关系高于法律规定的不良影响；另一方面会给办理案件造成不利的干扰，使其可能偏离法律的轨道。因此检察官职业道德要求检察官退休之后，也应继续保持良好操守，不利用原地位、身份形成的影响和便利条件，过问、干预执法办案活动，为承揽律师业务或者其他请托事宜打招呼、行便利，避免因不当言行给检察机关带来不良影响。

四、文明

文明的含义十分复杂，精确界定它是困难的，它可以指个人素质，也可以指社会状态，还可以指某种理念。《检察官职业道德基本准则》基于检察官职业特点和要求，提出了检察官职业道德的文明标准，包括 5 个方面。

（一）注重学习，提高素养

《检察官职业道德基本准则》第 34 条规定，检察官应“注重学习，精研法律，精通检察业务，培养良好的政治素质、业务素质和文化素养，增强法律监督能力和做群众工作的本领”。

（二）以人为本，人文关怀

《检察官职业道德基本准则》第 35 条、第 36 条规定，检察官应：“坚持打击与保护并重、惩罚与教育并重、惩治与预防并重，宽严相济，以人为本。”检察官应“弘扬人文精神，体现人文关怀。做到执法理念文明，执法行为文明，执法作风文明，执法语言文明。”

尊重人权和保护人权是人类社会文明进步的标志，也是刑事司法文明的重要标志。和谐社会是以人为本的社会，尊重和保障人权是和谐社会的基本特征。在刑事检察活动中，以人为本的司法理念，则多体现在对犯罪嫌疑人实行无罪推定、尊重和保护犯罪嫌疑人的人权、把犯罪嫌疑人当犯罪嫌疑人看待，而不是当罪犯看待，维护其尊严等方面。

（三）注重仪表，举止文明，言行谨慎

《检察官职业道德基本准则》第 37 条、第 38 条、第 39 条规定检察官应“遵守各项检察礼仪规范，注重职业礼仪约束，仪表庄重、举止大方、态度公允、用语文明，保持良好的职业操守和风范，维护检察官的良好形象”。检察官“执行公务、参加政务活动时，按照检察人员着装规定穿着检察制服，佩戴检察标识徽章，严格守时，遵守活动纪律”。检察官“在公共场合及新闻媒体上，不发表有损法律严肃性、权威性，有损检察机关形象的言论。未经批准，不对正在办理的案件发表个人意见或者进行评论”。

上述要求概括起来就是通常说的，检察官应文明办案。文明办案是检察官良好职业道德素质、职业纪律观念和职业形象的综合展现，它与严格执法既相互联系，又相对独立。严格执法是约束检察官职权活动的行为准则，文明办案是对检察官职权行为的态度、作风和形象的道德要求。文明办案是检察官良好职业道德素质、职业纪律观念和职业形象的综合展现，它与严格执法既相互联系，又相对独立。严格执法要求注重职权行为的合法性，注意保护诉讼参与人合法权利，文明办案也要求检察官不为所欲为，践踏人权，从这个角度讲，二者是一致的。

更具体地说，检察官文明办案，必须在言行举止上体现出执法理念文明，执法行为文明，执法作风文明，执法语言文明。如应有热情的工作态度，力戒对公众采取冷漠、生硬、蛮横、推诿；再如应使用文明规范的工作语言，防止粗陋鄙俗。特别是在讯问、询问、参加法庭审理和其他职务活动中，要尊重当事人及其法定代理人、所委托的人的人格尊严，防止因不恰当的言行而损害其人格、权利。

（四）团结、友爱、明礼、诚信

《检察官职业道德基本准则》第 40 条、第 41 条规定检察官应“热爱集体，团结协作，相互支持、相互配合、相互监督，力戒独断专行，共同营造健康、有序、和谐的工作环境”。检察官应“明礼诚信，在社会交往中尊重、理解、关心他人，讲诚实、守信用、践承诺，树立良好社会形象。”

（五）恪守公共道德，职业活动之外保持文明言行

《检察官职业道德基本准则》第 42 条、第 43 条、第 44 条、第 45 条规定检察官应“牢固树立社会主义荣辱观，恪守社会公德、家庭美德，慎独慎微，行为检点，培养高尚的道德操守”。检察官应“不穿着检察正装、佩戴检察标识到营业性娱乐场所进行娱乐、休闲活动或者在公共场所饮酒，不参与赌博、色情、封建迷信活动”。检察官应“不耍特权、逞威风、蛮横无理。本人或者亲属与他人发生矛盾、冲突，应当通过正当合法

的途径解决，不应以检察官身份寻求特殊照顾，不要恶化事态酿成事端”。检察官应“在职务外活动中应当约束言行，避免公众对检察官公正执法和清正廉洁产生合理怀疑，避免对履行职责产生负面作用，避免对检察机关的公信力产生不良影响”。

第三节　检察官职业责任

在我国，与法官职业责任一样，检察官也没有单独的职业责任，所谓检察官的职业责任，是指检察官违反法律、违反职业道德和职业纪律规范应当承担的责任，包括纪律责任和刑事责任两类。尽管从现行制度上讲，检察官职业责任形式包括纪律责任和刑事责任，但从检察官职业道德角度考虑，还应该有道德责任。

讨论检察官职业道德必须讨论检察官违反职业道德的责任。就普通道德而言，违反道德准则承担责任的方式不外舆论的谴责和良心的压力，但职业道德有所不同，它的规范性更强，其实施方式也应与普通道德有所不同，应有其专门的实施机制。这一机制在我国当前情况下并不完善。现有的追究违反职业道德的依据主要为《检察官职业道德基本准则》，如该规则第 4 条规定：“对模范践行检察官职业道德，品德高尚，业绩突出的，予以表彰奖励；对违反职业道德的行为，予以批评谴责，构成违法违纪的，依照法律和检察人员纪律规定予以惩戒。”在《检察机关文明用语规则》也有一些规定，如第 17 条规定：“违反文明用语规范，造成不良影响的，应给予批评、训诫或者责令公开道歉；造成严重后果的，依照党纪、政纪及有关规定给予处分。”由此可以看出，现行检察官职业道德针对违反检察官职业道德的道德责任，只设计了较为简单的道德责任形式，如批评、训诫或者责令公开道歉，更多的违反检察官职业道德的责任仍然是以纪律责任形式出现的。

检察官违反职业道德的法律责任和纪律责任在制度上有明确的设计，但值得注意的是，法律责任和纪律责任并非单独因违反职业道德而承担的责任，而是在违反职业道德的同时也违反了纪律或触犯了法律而形成的责任，就检察官职业道德而言，制度化的责任形式仍然是借用了纪律责任和法律责任的形式，这反映出我国检察官职业道德的实施机制还有待进一步健全。

承担责任的形式

（一）法律责任

法律责任主要表现在检察官因职务行为触犯法律而应承担的责任，其中典型的是刑事责任。如刑法第 8 章有关贪污贿赂罪、第 9 章有关渎职罪的规定，检察官的职务行为如违反刑法规定的，可能构成以下犯罪：贪污罪、贿赂罪、滥用职权罪、玩忽职守罪、泄露国家秘密罪、徇私枉法罪等。而一旦构成以上犯罪的，依照刑法规定应当分别承担以下刑事责任，包括拘役、有期徒刑、无期徒刑、死刑、剥夺政治权利、罚金和没收财产。

刑事责任是检察官承担的最严重的责任形式。检察官承担刑事责任的前提是其触犯刑法，构成了犯罪。主要有两类情况：一是实施了与职务有关的犯罪行为，如刑讯逼供罪、暴力逼取证人证言罪、虐待被监管人罪、报复陷害罪、贪污罪、受贿罪、挪用公款罪、巨额财产来源不明罪、隐瞒境外存款罪、滥用职权罪、玩忽职守罪、故意泄露国家秘密罪、过失泄露国家秘密罪、徇私枉法罪、私狙在押人员罪、失职致使在押人员脱逃罪、帮助犯罪分子逃避处罚罪等；二是触犯刑法，构成其他犯罪。无论哪种情形，都要依法追究刑事责任。检察官职业责任意义上的刑事责任主要是指前一类。

（二）纪律责任

检察官的纪律责任是指检察官因违反工作纪律而应当承担的责任，这构成了检察官责任的主要内容。从目前的纪律所包含的内容来看，它既包括了一些检察官的法律义务，又包括一些工作纪律，同时还包括了检察官职业道德规范。因而纪律责任也是检察官范围职业道德应当承担的责任形式之一。

检察官纪律责任的依据有《检察官法》和最高人民检察院制定和发布的各项规定，如《最高人民检察院检务督察工作暂行规定》、《检察人员纪律处分条例》等。检察官法第 35 条明确列举了检察官不得实施的 13 种行为，第 36 条则规定了检察官有这 13 种行为之一的，应当予以处分；构成犯罪的，依法追究刑事责任。第 37 条把处分即检察官的纪律责任形式分为警告、记过、记大过、降级、撤职、开除 6 种。

检察官的纪律责任主要规定在《检察官法》、《检察人员纪律处分条例》中，主要形式包括：警告、记过、记大过、降级、撤职、开除。警告，即对犯错误者提出告诫，是最轻的一种纪律处分，适用于违法、违纪行为轻微的处分对象。记过，即记载过失，是较警告严厉的一种纪律处分。记大过，即记载大的过失，适用于违法违纪比较严重的情况。降级，即降低工资级别，适用于比记大过处分更为严重的违法违纪情形。降职，即由现任职务降到较低职务，适用于因违法违纪而无法担任现任职务的情形。开除，即将不适于在检察院继续任职的人清除出检察院职工队伍，是纪律处分中最严重的处分。

《检察人员纪律处分条例》详细规定了检察官的纪律责任，包括违反政治纪律；违反组织、人事纪律；违反办案纪律；贪污贿赂；违反廉洁从检规定；违反财经纪律；失职、渎职；违反警械警具和车辆管理规定；严重违反社会主义道德；妨碍社会管理秩序等 10 个方面的纪律责任。

《检察机关文明用语规则》第 17 条规定："违反文明用语规范，造成不良影响的，应给予批评、训诫或者责令公开道歉；造成严重后果的，依照党纪、政纪及有关规定给予处分。"这表明其纪律责任形式也包括"党纪、政纪"。

(三)刑事责任和纪律责任的关系

刑事责任与纪律责任的关系实质上是检察官因其行为构成犯罪,受到刑罚处罚后,是否应当给予纪律处分和给予何种纪律处分的问题。根据有关规定,检察官因办理错案被追究刑事责任的,同时应当给予相应的纪律处分。检察官凡因犯罪而被判处3年以上有期徒刑刑罚的,都应当给予开除处分。故意犯罪被判处3年以下有期徒刑或者被判处管制、拘役的,同样给予开除处分;过失犯罪被判处3年以下有期徒刑宣告缓刑,本人政治上、工作上一贯表现较好,能认真检讨并有悔改表现的,可不予开除,但必须给予撤职处分。此外,检察官的行为构成犯罪,但依法被免予刑事处罚的,给予降级或者撤职处分。

(四)道德责任

检察官的道德责任是指检察官因违反职业道德而应承担的责任。如上所述,在我国现行规定中,检察官违反职业道德所应承担的道德责任主要是诫勉谈话、通报批评和批评教育等。

第四节 检察官职业道德实施机制

检察官纪律责任的追究机构与追究程序

检察官法律责任的追究机制适用普通法律责任的追究机制,如追究检察官的刑事责任是依据刑法和刑事诉讼法的相应机制和规定进行的。

检察官的道德责任并没有专门的追究机制,也无专门的追究方法。多数情况下职业道德的追究机制和追究方法是和职业纪律的追究机制和追究方法合一的。

检察官纪律责任的追究机制和追究程序在检察官法第11章中有所专门规定。

(一)追究机构

检察官法规定,检察官纪律责任的追究机构为检察院内设的监察机构。

(二)追究的权限及程序

检察官违法违纪案件由各级人民检察院的监察部门按照有关规定立案、调查和处理。其中,给予地方各级人民检察院检察长、副检察长纪律处分的,由上一级人民检察院决定,需要撤职、开除的,应当在依法罢免或者免除其职务后,再执行处分决定;给予检察委员会委员、检察员、助理检察员纪律处分的,由所在人民检察院决定,需要撤职、开除的,应当在依法免去其职务后,再执行处分决定。

对违法违纪错误严重,不宜履行现任职务的检察官,在未作出处分决定前,所在人民检察院或上一级人民检察院按照干部管理权限征得有关部门同意后，可以先行停止其职务。其中，检察官办案中体罚、虐待犯罪嫌疑人、被告人和刑讯逼供的，一律先行停止其执行职务。

检察官违法违纪，已由司法机关查处的，待司法机关作出处理决定后，检察机关再作出相应处理。检察机关先行调查认为需要移送司法机关的，必要时也可以先行给予纪律处分。

人民检察院对检察官的违法违纪行为，应当在立案之日起半年内给予处理。情节复杂或者有其他特殊原因的，可以适当延期，但最长不超过1年。

（三）处分的变更与解除

检察官对所受处分不服，可以从收到处分决定之日起30日内向作出处分决定的人民检察院申请复议，并有权向上一级人民检察院申诉。复议和申诉期间，不停止原处分决定的执行。

处分不当或者有错误的，由作出处分决定的人民检察院或者上一级人民检察院予以减轻、撤销或者加重。

检察官受到开除以外处分后改正错误的，由原决定处分的人民检察院按照下列期限予以解除：警告处分满半年；记过、记大过、降级处分满1年；撤职处分满2年。检察官在受处分期间有特殊贡献的，可以提前解除处分；在处分期间又犯错误的，可以延长解除处分的期限或者加重处分，延长解除处分的期限不得超过原处分的期限。其中，解除降级、撤职处分时，不恢复原级别、原职务。解除处分后，晋升职务、等级和工资档次不再受原处分的影响。

我国目前的对检察官的惩戒机制还很不完善，比如关于检察官惩戒构成的条件还不是很明确，还没有一个独立的检察官惩戒机构涉及检察官惩戒的程序。

第五章　律师职业道德

第一节　律师职业道德的概念和渊源

一、律师职业道德的概念和特征

律师职业道德，是指律师在从事律师业务，为社会提供法律服务时，所应当遵循的职业道德规范。这种职业道德规范既不同于普通道德规范，也不同于一般行为规范。它的约束对象是律师的职业行为和观念。律师职业道德是法律职业道德的组成部分，是指导律师执业活动的准则，是评判律师执业活动是否符合律师职业要求的标准，是对违规律师追究职业责任的重要依据。

律师职业道德具有以下特征：

(一)律师职业道德的适用对象具有广泛性

《律师职业道德和执业纪律规范》第 2 条规定："律师在执业活动中应当遵守本规范。"第 46 条规定："实习律师、律师助理参照本规范执行。"由此可见，律师职业道德首先适用于律师，其次还包括实习律师和律师助理等其他人员。另一方面，律师职业道德也适用于律师事务所。《律师职业道德和执业纪律规范》第 28 条、第 43 条、第 45 条等规定了律师事务所的相关义务。律师事务所是律师的执业机构，对律师进行监督和管理，而且律师承办业务，由律师事务所统一收案，统一收费，因此律师职业道德规范也适用于律师事务所，以约束其职业行为。

(二)律师职业道德所约束的主要是律师的执业活动

首先作为职业道德，其约束的范围主要是律师执行其律师业务的活动；其次律师的部分非执业活动与其职业活动有着密切的联系，直接影响到律师的职业形象，因此某些与其职业活动直接相关的执业以外的活动，也应受到律师职业道德的约束。《律师职业道德和执业纪律规范》第 7 条规定："律师应当珍视和维护律师职业声誉，模范遵守社会公德，注重陶冶品行和职业道德修养。"第 12 条规定："律师应当积极参加社会公益活动。”这些都表明律师职业道德对律师职业活动之外的活动也有一定的约束。

(三)律师职业道德是明确的规范性要求

律师职业道德通过法律、法规、律师协会规范性文件等形式，对律师的职业行为做出明确的调整。这就意味着律师职业道德与普通道德有着明显的不同，其调整方式不限于说服教育或舆论批评，而是包含各种形式的制度性强制，违反这些规定，会受到制度明确规定处罚。

二、律师职业道德的渊源

我国关于律师职业道德形成了多层次、多类型的规范体系。这些规范性文件既包括法律、司法解释、规章，也包括律师协会的行业规范。属于法律的有全国人大常委会制定的《中华人民共和国律师法》等，属于部门规章的有司法部制定的《规章律师执业管理办法》，特别值得注意的是以中华全国律师协会制定的《中华全国律师协会章程》《中华全国律师协会律师执业行为规范》《律师职业道德和执业纪律规范》等为代表的行业规范，这类规范属行业自律性规范，虽不是法律规范，不具有法律效力，但是对于本行业及其从业人员具有很强的拘束力，是律师职业道德的重要渊源。

第二节　律师职业道德的内容

律师职业道德的内容非常广泛，主要包括律师与委托人关系的道德规范、律师在诉讼活动与仲裁活动中的道德规范、律师内部道德规范等。

一、律师与委托人关系的道德规范

(一)委托代理关系的基本属性和建立委托关系的基本要求

委托代理关系从性质上讲，是一种合同关系，因此此种关系的建立，首先来自律师与当事人的协商，其协商内容包括代理范围、代理内容、代理权限、代理费用、代理期限等进行讨论，在此过程中，律师应当谨慎、诚实、客观地告知委托人拟委托事项可能出现的法律风险。经协商达成一致后，签署委托代理协议。

需要注意的是，委托关系的双方主体分别是律师事务所和委托人，而非律师和委托人。《律师法》第 23 条规定：“律师承办业务，由律师事务所统一接受委托，与委托人签订书面委托合同，按照国家规定向当事人统一收取费用并如实入账。”律师和委托人之间委托关系的成立，必须采用书面形式。《律师职业道德和执业纪律规范》第 15 条规定：“律师不得以个人名义私自接受委托，不得私自收取费用。”这意味着委托关系应是律师事务所与委托人之间的关系，而律师是不能以个人名义接受委托的，同时委托合同应具有书面形式。

在建立委托关系时应明确代理范围和代理权限，清晰的代理范围和明确的权限划分可以明确双方的权利义务，减少代理过程中的纠纷，树立律师的良好形象，因此明确代理范围和代理权限是十分重要的。

就代理范围而言，主要涉及代理目标和实现手段的确定问题。一般而言，在法律的范围内维护委托人的合法权益，是律师的代理目标。一方面，在法律和律师职业义务的范围内，委托人对通过代理服务所要达到的目标有最终的决定权。另一方面，特别需要强调的是，律师对于代理的目标有一定的限定权。这种限定主要来源于法律和律师的职业道德。如《律师职业道德和执业纪律规范》第 25 条规定："律师不应接受自己不能办理的法律事务。"第 27 条规定："为维护委托人的合法权益，律师有权根据法律的要求和道德的标准，选择完成或实现委托目的的方法。""对委托人拟委托的事项或者要求属于法律或律师执业规范所禁止的，律师应告知委托人，并提出修改建议或予以拒绝。"例如，律师不得为谋取代理或辩护业务而向委托人作虚假承诺，接受委托后也不得违背事实和法律规定作出承诺；刑事辩护证据不足以否认有罪指控，律师不得承诺经过辩护必然获得无罪的结果等。

委托权限的确定，主要存在于律师的代理活动中。其要求是在与委托人签订委托代理合同及委托人签署授权委托书时，应当记明具体的委托事项和在实体法上及程序法上的权限。律师在进行代理活动时，其权限依据即为委托合同和授权委托书。《律师职业道德和执业纪律规范》第 32 条规定："律师不得超越委托权限，不得利用委托关系从事与委托代理的法律事务无关的活动。"律师接受委托后，只能在委托权限内开展执业活动，不得擅自超越委托权限；律师在进行受托的法律事务时，如发现委托人所授权限不能适应需要时，应及时告知委托人，在未经委托人同意或办理有关的授权委托手续之前，律师只能在授权范围内办理法律事务。

（二）利益冲突问题

利益冲突是律师在执业活动中面临的一个具有普遍意义的重大问题，无论是律师个人还是律师事务所，无论是规模较大的律师事务所还是规模较小的律师事务所，都面临着如何有效处理执业活动中的利益冲突的问题。调整利益冲突的规则是律师职业道德的一个重要组成部分。

1. 什么是利益冲突

利益冲突是指律师在代理委托人的过程中，律师对委托人的代理将对律师自身的利益、律师现行委托人的利益、律师前委托人的利益或者第三人的利益可能产生重大不利影响的情况。也就是说，涉及利益冲突的各方可能包括律师事务所、律师、律师的现委托人、律师的前委托人以及第三人，这就使得利益冲突呈现出复杂的局面，因此必须形成协调利益冲突的规则。

2. 协调利益冲突的道德基础和规则依据

从理论上说,利益冲突规则的道德基础主要是两个。一是律师保守职业秘密的义务。律师保守职业秘密的义务是律师执业活动中最为重要的法律和职业道德义务,体现在众多的方面。保守秘密的职业要求成为协调利益冲突的重要道德和规则基础。这意味着律师不得向委托人披露其所掌握的其他委托人的信息,用以为自己或现委托人谋求更大的利益。二是律师忠实于委托人的义务。律师忠实于委托人的义务是协调利益冲突的另一个重要道德基础。例如,律师如果向委托人披露其所掌握的其他委托人的信息,用以为自己或现委托人谋求更大的利益,则不仅违背了律师的保密义务,也违背了律师必须忠实于委托人的义务。

从实践上说,利益冲突的协调主要体现在相应的法律和职业道德规范中。根据《律师执业行为规范》等规则的规定,律师在避免利益冲突方面应当遵守以下行为规范:

1)在接受委托之前,律师及其所属律师事务所应当进行利益冲突查证。只有与在委托人之间没有利益冲突的情况下才可以建立委托代理关系。这意味着律师不得在同一案件中为双方当事人担任代理人,同时同一律师事务所不得代理诉讼案件的双方当事人。

《律师法》第 34 条规定:"律师不得在同一案件中为双方当事人担任代理人。"《律师职业道德和执业纪律规范》第 28 条规定:"律师不得在同一案件中为双方当事人担任代理人。""同一律师事务所不得代理诉讼案件的双方当事人,偏远地区只有一律师事务所的除外。"

值得注意的是上述规则都只强调了不得在"同一案件"中代理"双方当事人",而并没有一般性的禁止代理双方当事人。从实践中看,律师在同一法律事务中代理两个或者两个以上的委托人的情况并不少见,例如,受委托负责起草一个涉及多个委托人的法律文件,这对于提高效率,降低成本是有积极意义的,也是不违反法律和职业道德要求的。但若再往前走一步,在同一案件中同时代理双方当事人,则不合法、不合乎职业道德,也不合理。

《律师法》第 34 条规定和《律师职业道德和执业纪律规范》第 28 条清楚地表明这种做法不合法也不合乎职业道德。而其不合理性是因为:第一,律师在同一案件中为双方当事人的代理人,必须同时维护利益冲突双方的利益,这不仅存在巨大的逻辑障碍,律师在履行对一方当事人的忠实义务时必然和对另一方当事人履行忠实义务发生冲突,进而无法避免损害某一方的利益;第二,律师在同一案件中为双方当事人担任代理人,则无法履行其对当事人的保密义务,他必然要利用从原告处获取的秘密为被告服务,也必然会利用从被告处获取的秘密为原告服务,否则他就违反了忠实于当事人的义务。因此我们看到,律师在同一案件中代理双方当事人必然使自己陷入逻辑上的两难境地,无法解脱。

而同一律师事务所的律师为同一案件双方当事人担任代理人会面临同样的逻辑困境。由于委托合同的双方是律师事务所与委托人,因此由同一律师事务所代理同一案件的双方当事人,在法律和逻辑上意味着由同一人同时代理利益冲突的双方当事人,其困境和问题不言而喻。另一方面,即使一个律师事务所指派了不同律师担任同一案件双方当事人的代理人,也不能摆脱这种困境,因为同一律师事务所的律师是同一个利益共同体的成员,有着共同的利益目标,这必然会影响到维护利益冲突双方当事人的律师业务活动。

2)在接受委托前,律师及其所属律师事务所还应该针对其他一些可能发生利益冲突的情况采取相应的措施。

拟接受委托人委托的律师明知诉讼相对方或利益冲突方已委聘的律师是自己的近亲属或其他利害关系人的,应当予以回避,但双方委托人签发豁免函的除外。

律师在接受委托后知道诉讼相对方或利益冲突方委聘的律师是自己的近亲属或其他利害关系人,应及时将这种关系明确告诉委托人。委托人提出异议的,律师应当予以回避。

律师在接受委托后知道诉讼相对方或利益冲突方已委聘同一律师事务所其他律师的,应由双方律师协商解除一方的委托关系,协商不成的,应与后签订委托合同的一方或尚没有支付律师费的一方解除委托关系。

曾经在前一法律事务中代理一方法律事务的律师,即使在解除或终止代理关系后,亦不能再接受与前任委托人具有利益冲突的相对方委托,办理相同法律事务,除非前任委托人作出书面同意。

曾经在前一法律事务中代理一方法律事务的律师,不得在以后相同或相似的法律事务中运用来自该前一法律事务中不利前任委托人的相关信息,除非经该前任委托人许可,或有足够证据证明这些信息已为人所共知。

委托人拟聘请律师处理的法律事务,是该律师从事律师职业之前曾以政府官员或司法人员、仲裁人员身份经办过的事务,律师和其律师事务所应当回避。

(三)在建立委托代理关系后的基本要求

委托关系确立以后,律师应当充分运用自己的专业知识,根据法律的规定完成委托事项,维护委托人的利益,无正当理由不得拒绝履行协议约定的职责,不得无故拒绝辩护或代理。

从职业道德规则要求上看,律师有权根据法律的要求和职业道德的标准,选择实现委托人目的的方法。

律师应当严格按照法律规定的期间、时效以及与委托人约定的时间办理委托事项。《律师职业道德和执业纪律规范》第30条规定:“律师应当严格按照法律规定的期限、时效以及与委托人约定的时间,及时办理委托的事务。”而在实践中,由于案件情况的多样性、复杂性和专业性常常使律师和委托人之间的信任关系受到影响,委托人认为律师不够勤勉影响了他的利益,而律师则认为基本办案的情况,必须有足够长的处理时间。

对委托人了解委托事项情况的要求,应当给予及时充分的答复,这里的及时是指应当在合理的时间内满足委托人的要求,充分是指应提供足够的信息,使委托人能够就有关事项作出合理的判断。《律师职业道德和执业纪律》第 31 条规定:“律师应及时告知委托人有关代理工作的情况,对委托人了解委托事项情况的正当要求,应当尽快给予答复。”

未经委托人同意,律师不得将委托人委托的法律事务转委托他人办理。律师在接受委托后出现突患疾病、工作调动等情况,需要更换律师的,应当及时告知委托人。委托人同意更换律师的,律师之间要及时移交材料,并通过律师事务所办理相关手续。非经委托人的同意,律师不能因为转委托而增加委托人的经济负担。

律师应当谨慎保管委托人提供的证据和其他法律文件,保证其不遭灭失,应当建立律师业务档案,保存完整的业务工作记录。

律师不得挪用或者侵占代委托人保管的财物,不得与对方当事人或第三人恶意串通,侵害委托人的利益。

根据《律师法》第 49 条规定,律师和律师事务所不得免除或者限制因违法执业或者因过错给当事人造成损失所应当承担的民事责任。

律师事务所不得利用提供法律服务的便利,非法牟取委托人的利益。除依照相关规定收取法律服务费用之外,律师不得与委托人争议的权益产生经济上的联系,不得与委托人约定胜诉后将争议标的物出售给自己,不得委托他人为自己或为自己的亲属收购、租赁委托人与他人发生争议的诉讼标的物。律师不得向委托人索取财物,不得获得其他不利于委托人的经济利益。非经委托人同意,律师不得运用来自向委托人提供法律服务时所得到的信息牟取对委托人有损害的利益。

(四)律师的保密义务

律师的职业秘密问题是贯穿于整个律师业务活动的一个基本问题,对委托人和律师的权利义务有着重要的影响。

1. 律师保密义务,是指律师在执业中接触到委托人的个人隐私、商业秘密或其他个人资料、信息,未经委托人同意不得向第三人公开,包括不得向媒体公开,甚至不得向国家机关公开。

律师在执业中,为了解案情,不可避免地要了解到委托人的很多资料、信息、证据,这些内容有的是委托人的隐私,有的是商业秘密,有的虽然不是隐私和商业秘密,公开了对委托人也会产生不利的影响,律师都有为委托人保守秘密的责任。律师的保密职责，是职业性质决定的，是律师的法定义务，也是委托合同义务。即使合同中没有约定保密责任，律师的保密责任也是不能免除的。当然在委托人授权律师公开相关信息的情况下，律师不越权地公开任何隐私或商业秘密是允许的。律师违反了保密义务，给委托人造成名誉损失或经济损失，是要承担赔偿责任的。

2.作为一项义务，律师保密义务和其他类型的保密义务有着不同，律师保密义务有独有的特征。

1)律师保密义务的适用主体具有广泛性。

根据《律师职业道德和执业纪律规范》第8条、第39条和第46条的规定，保密义务不仅适用于律师，还适用于实习律师、律师助理等辅助人员。这样扩大承担保密义务的人员，有利于保守有关秘密事项。

2)律师保密义务是一种与职务相关的义务。

律师保密义务是由于律师的职业特点决定的，这种义务具有明显的职务特征。也就是说，律师保密义务要求律师保守的是职务秘密，即律师在履行职务过程中接触到的国家秘密、当事人的商业秘密或个人隐私。对非在履行职务过程中获悉的秘密，由于与律师职务无关，不属于律师保密义务的范畴，对此律师也仅负有一般公民的保密义务。

3)律师保密义务的客体为秘密。

律师保密义务的客体必须是秘密事项，既包括国家秘密，也包括当事人的商业秘密和个人隐私。对秘密的具体认定，应依据有关法律及与当事人的约定确认。如国家秘密，根据《中华人民共和国保守国家秘密法》第2条的规定，是指“关系国家的安全和利益，依照法定程序确定，在一定时间内只限于一定范围的人员知悉的事项”。再如商业秘密，根据《中华人民共和国反不正当竞争法》第10条的规定，是指“不为公众所知悉、能为权利人带来经济利益、具有实用性并经权利人采取保密措施的技术信息和经营信息”。

4)律师保密义务是职业道德义务也是法律义务。

律师保守秘密的义务受多种规范的约束，既是一种与律师职业道德有关的义务，也是一种法律义务。作为道德义务，律师保守秘密义务受律师执业道德规范的调整，其约束机制为律师的内心要求、社会评价以及职业道德特有的运行方式来约束律师，促使其遵守义务。作为法律义务，律师保守秘密义务受有相应法律规范的调整，此时律师保守秘密义务具有强制性，律师违背义务则要受到相应的法律处罚。

5)律师保密义务的适用区间具有前置性和后续性。

律师职业秘密问题的特殊性质，决定了律师职业秘密问题在委托人与律师关系中具有前置性和后续性。律师在与委托人建立委托人与律师关系之前的商谈过程中，就可能涉及当事人的秘密。在委托人与律师关系终结之后，律师的保密义务依然存在。因此，律师保守委托人秘密的义务存续的区间包括建立委托人与律师关系前、中、后三个阶段。具体而言：(1)律师所要保守的秘密在时间上的范围。律师所要保守的委托人的秘密，既包括律师在委托人与律师关系确立后获得的有关委托人的秘密信息，又包括律师与潜在委托人在洽接委托人与律师关系但尚未建立该关系时获悉的有关委托人的秘密信息。《律师法》第33条规定："律师应当保守在执业活动中知悉的国家秘密和当事人的商业秘密，不得泄露当事人的隐私。"这里的执业活动应当包括委托人与律师关系建立之前律师与委托人进行洽商的活动。(2)律师所担负的保密义务的存续区间。在委托人与律师关系存在期间，律师应当保守委托人的秘密自不待言。在委托人与律师关系终结后，律师还承担保密的义务。《律师执业道德和执业纪律规范》第39条规定："律师对于与委托事项有关的保密信息，委托代理关系结束后仍有保密义务。"

3.我国关于律师职业秘密问题的现行规定。

我国律师职业秘密规则的现行渊源主要有两个，一个是《律师法》上的渊源，另一个是律师职业道德和执业纪律规范上的渊源。《律师法》第33条规定："律师应当保守在执业活动中知悉的国家秘密和当事人的商业秘密，不得泄露当事人的隐私。"《律师职业道德和执业纪律规范》第8条规定："律师应当严守国家机密，保守委托人的商业秘密及委托人的隐私。"这两条规定共同构成了我国律师职业秘密问题的主要渊源。此外，在《刑事诉讼法》等诉讼法律和有关部门作出的规定中，对律师保守职业秘密问题也有所规定。

(五)律师与委托人关系的终止

律师与委托人关系的终止主要有三种情况，一种是自然终止，即委托事项办理完毕，律师与委托人关系终止。另一种是协商终止，律师与委托人之间是合同关系，经合同双方协商一致，可以终止合同。还有一种是法定终止，即出现了法律规定，或纪律规定，或职业道德规定的情况，律师与委托人关系可以或者应当终止。

法律规定的情况如《律师法》第29条规定："律师接受委托后，无正当理由的，不得拒绝辩护互助代理，但委托事项违法，委托人利用律师提供的服务从事违法活动或者委托人隐瞒事实的，律师有权拒绝辩护或者代理。""委托人可以拒绝律师为其继续辩护或者代理，也可以另行委托律师担任辩护人或者代理人。"即在法定情况下，律师有权拒绝辩护或代理，委托人也可以拒绝律师为其继续辩护或代理。

在法律规定的终止情形的框架下，也存在一些必须用职业纪律或职业道德来衡量的空间。如委托人坚持追求律师认为无法实现的或不合理的目标的；委托人在相当程度上没有履行委托合同义务，并且已经合理催告的；律师向委托人提供法律服务将会给律师带来不合理的费用负担，或给律师造成难以承受的、不合理的困难的；委托人提供的证据材料不具有客观真实性、关联性与合法性，或经司法机关审查认为存在伪证嫌疑的等。这些情况都可以成为律师拒绝辩护、代理的理由。而这些理由中存在着大量的需由职业道德判断的空间。

因纪律或职业道德规定的情形有律师被取消或者中止执业资格；发现某种不可克服的利益冲突；律师的健康状况不适合继续代理；继续代理将律师执业规范或职业道德准则等。

在委托代理关系终止的程序方面，律师职业道德仍然有重要作用。如委托代理关系终止时，律师应履行劝告义务和通知义务，应当及时向委托人说明理由，促使委托人接受律师的劝告，纠正导致律师拒绝辩护或代理的事由；在必须终止委托关系时，应当尽可能提前向委托人发出通知，以便当事人另行委托他人。律师还应履行合理保护措施的义务，尽量不使委托人的合法利益受到影响。

二、律师在诉讼、仲裁活动中的纪律

（一）律师应尊重法官和裁判员，维护裁判庭的尊严

《律师职业道德和执业纪律规范》第 18 条规定："律师应当遵守法庭和仲裁庭纪律，尊重法官、仲裁员，按时提交法律文件、按时出庭。"第 19 条规定："律师出庭时按规定着装，举止文明礼貌，不得使用侮辱、谩骂或诽谤性语言。"这两条规定包含两个方面的内容，一是律师应遵守法庭和仲裁庭纪律，尊重法官和仲裁员，不得进行损害审判机关、检察机关、公安机关和仲裁机关威信和名誉的行为，在诉讼文书和庭审活动中不得对上述机关及其承办人员使用侮辱性语言，不得违反审判庭和仲裁庭纪律，扰乱审判庭和仲裁庭秩序，采用不正当手段拖延诉讼和仲裁；二是律师在法庭和仲裁庭的举止言行应得体，不得有不文明言行。前一方面是针对审判和仲裁人员的，裁判人员在一定意义上是公平正义的化身，是法律价值的载体，律师应尊重裁判人员这是容易理解的；后一方面则是针对出庭的各方面人员，包括对方当事人和代理人，其目的在于维护良好文明的案件审理秩序和气氛，进而维护法律的尊严。

《律师职业道德和执业纪律规范》第 20 条规定："律师不得以影响案件的审理和裁决为目的，与本案审判人员、检察人员、仲裁员在非办公场所接触，不得向上述人员馈赠钱物，也不得以许诺、回报或提供其他便利等方式与承办案件的执法人员进行交易。"第 21 条规定："律师不得向委托人宣传自己与有管辖权的执法人员及有关人员有亲朋关系，不能利用这种关系招揽业务。"这两项要求一方面是从约束律师角度确保裁判活动的中立性和公正性，另一方面则是要求律师在与同行竞争过程中遵循竞争活动的基本道德准则，保持正当竞争。

（二）律师应保证提供合法真实的信息和证据

《律师职业道德和执业纪律规范》第 22 条规定："律师应依法取证，不得伪造证据，不得怂恿委托人伪造证据、提供虚假证词，不得暗示、诱导、威胁他人提供虚假证据。"

第 23 条规定:“律师不得与犯罪嫌疑人、被告人的亲属或者其他人会见在押犯罪嫌疑人、被告人,或者借职务之便违反规定为被告人传递信件、钱物或与案情有关的信息。”这些规定的主要目的是保证裁判庭能查明案件真相,做出正确裁判。这既是职业纪律和职业道德的要求,也是法律的要求。我国《刑事诉讼法》、《民事诉讼法》、《行政诉讼法》都明确规定了司法机关进行诉讼必须坚持以事实为根据,《律师法》也将以事实为根据规定为律师的执业原则。以事实为根据原则具体化为规则和制度,就是一系列保证证据真实合法的制度,因为事实是由证据展现和固定的。

提供真实合法的证据是律师职业活动最基本的要求,而违背这一要求也会受到法律、职业纪律和职业道德多种规则的处罚。如《刑事诉讼法》规定,辩护律师和其他辩护人,不得帮助犯罪嫌疑人、被告人隐匿、毁灭、伪造证据或者串供,不得威胁、引诱证人改变证言或者作伪证以及进行其他干扰司法机关诉讼活动的行为。违反前款规定的,应当依法追究法律责任。《刑法》也规定,在刑事诉讼中,辩护人、诉讼代理人毁灭、伪造证据,帮助当事人毁灭、伪造证据,威胁、引诱证人违背事实改变证言或者作伪证的,处三年以下有期徒刑或者拘役;情节严重的,处三年以上七年以下有期徒刑。《律师法》规定,律师的执业活动中不得提供虚假证据或者威胁,利诱他人提供虚假证据。对于提供虚假证据,或者威胁、利诱他人提供虚假证据的,由省、自治区、直辖市人民政府司法行政部门吊销其律师执业证书。

三、律师职业内部纪律

(一)律师和律师事务所的关系

《律师职业道德和执业纪律规范》第 13 条规定:“律师事务所是律师的执业机构,律师的执业活动必须接受律师事务所的监督和管理。”

《律师法》等现行法律规定,律师事务所是律师的执业机构。律师必须在一家律师事务所内注册执业,才能够合法地履行职责,承办法律事务。依据《律师法》和有关规定,律师个人不能独立地以律师的身份承办法律事务,而必须通过律师事务所才可能承办法律事务。与委托人签订法律服务合同的主体是律师事务所,而不是律师。律师因执业上的过错给委托人造成损失,也是由律师事务所负责赔偿。律师是受律师事务所的指派而为委托人提供法律服务。根据《律师法》等法律规定,律师事务所拥有对律师和律师事务所各类事务的管理权,律师事务所是最基本的律师事务的管理部门。律师事务所具有经营法律服务事务的法定权利,而律师个人虽然具有从事法律服务事务的权利,但却不能独立行使,必须通过律师事务所。因此,律师事务所的性质是双重的,它既是法律服务事务的经营者,又是律师的管理者。

《律师职业道德和执业纪律规范》第 14 条规定:“律师不得同时在两个或两个以上律师事务所执业。同时在一个律师事务所和一个法律服务所执业的视同在两个律师事务所执业。"这条规定是基于律师和律师事务所与其他律师事务所其他律师是存在竞争关系的，律师同时在两个律师事务所执业与竞争关系的本质是有冲突的。也就是说，如果一名律师同时在两个或两个以上的律师事务所执业，各律师事务所可能将同一案件指派同一律师办理，这显然是不合逻辑的，同时也是违反律师不得同时代理同一案件双方当事人的规定的。不但是律师事务所，律师也不得同时在两个以上的法律服务所执业，这是因为基层法律服务所有律师事务所在业务范围上基本相同，从法律服务的角度看，可视其为性质相同的法律服务机构，同时在律师事务所和法律服务所执业所带来的问题与同时在两个或两个以上律师事务所执业是一样的。

《律师职业道德和执业纪律规范》第 15 条规定："律师不得以个人名义私自接受委托，不得私自收取费用。"第 16 条规定："律师不得违反律师事务所收费制度和财务纪律，挪用、私分、侵占业务收费。"这两条规定从表面上看可以防止律师乱收费现象的发生，维护委托人的合法权益，也有利于防止不正当竞争行为。从更深层面看，如上所述，律师是受律师事务所的指派而为委托人提供法律服务的，律师事务所拥有对律师和律师事务所各类事务的管理权。从合同关系来看，合同双方是律师事务所和委托人。基于这种合同关系，律师个人当然不得以个人名义私自接受委托，不得私自收取费用，同时还必须遵守律师事务所的收费制度和财务纪律。

(二)律师和同行的关系

1. 律师有共同维护律师行业荣誉和形象的义务

《律师职业道德和执业纪律规范》第 41 条规定："律师应当遵守行业竞争规范，公平竞争，自觉维护执业秩序，维护律师行业的荣誉和社会形象。"第 42 条规定："律师应当尊重同行，相互学习，相互帮助，共同提高执业水平，不应诋毁、损害其他律师的威信和声誉。"律师相互之间尽管有竞争，但是从整体上说，所有律师构成了律师这样一种职业群体，这个群体的状况、这个群体是否能得到的社会的认可和尊重，取决于群体中所有人的共同努力，从这个意义上讲，律师群体之间有着共同的整体利益。律师群体只有维护好了整体利益，树立了良好的律师群体的社会形象，才有可能实现更好的个人利益。《律师职业道德和执业纪律规范》第 41 条和第 42 条的规定正是着眼于维护律师行业整体利益，这是创造良好的行业气氛，获得社会认可，推动律师行业整体的重要规则。也就是说，只有律师遵守行业共同的竞争规则，处理好同行关系，律师行业才有可能有良好的发展。

3. 正当宣传和正当竞争的义务

《律师职业道德和执业纪律规范》第 43 条规定："律师、律师事务所可以通过以下方式介绍自己的业务领域和专业特长：1. 可以通过文字作品、研讨会、简介等方式以普及法律，宣传自己的专业领域，推荐自己的专业特长；2. 提倡、鼓励律师、律师事务所参加社会公益活动。”第 44 条规定：“律师不得以下列方式进行不正当竞争：1. 不得以贬低同行的专业能力和水平等方式招揽业务；2. 不得以提供或承诺提供回扣等方式承揽业务；3. 不得利用新闻媒介或其他手段向其提供虚假信息或夸大自己的专业能力；4. 不得在名片上印有各种学术、学历、非律师业职称、社会职务以及所获荣誉等；5. 不得以明显低于同业的收费水平竞争某项法律事务。”

这两条规定从正反两个方面，明确了正当宣传和正当竞争的具体要求。可以正面的宣传自己的特长，鼓励以参加公益活动的方式提升律师的社会形象。但是不得贬损同行，不得夸大自己，不得以不当的利益诱惑参与竞争。

第三节　律师职业责任

一、律师职业责任的概念和内容

律师的法律责任是指律师在执业活动中，因为故意或者过失，违反有关法律法规规定以及律师执业纪律，损害当事人合法权益，扰乱正常司法秩序，影响律师职业形象，导致律师须依法承担的民事责任、行政责任、刑事责任和纪律处分。

律师职业责任制度是律师制度的重要组成部分。律师职业责任制度的建立有利于督促律师在执业过程中勤勉尽责、恪尽职守，最大限度地维护当事人的合法权益，增强律师的执业的自律意识、风险意识，树立律师良好的社会形象。

值得注意的是在我国现行的律师职业责任中并没有专门的违反职业道德的责任，也没有专门的追究违反职业道德责任的机制，本节所说的律师职业责任主要是刑事责任、民事责任、行政责任以及纪律责任。

二、律师的刑事责任

律师刑事责任是指律师在执业活动中，因其行为触犯了《刑法》的有关规定，而应当承担的刑事处罚责任。律师的刑事责任是一种执业责任，主要发生在律师的执业环节中，如果与律师的执业活动无关，则不能称为律师的刑事责任。

律师的刑事责任主要包括律师泄露国家秘密的刑事责任；律师向法官、检察官、仲裁员以及其他工作人员行贿或者指使、诱导当事人行贿的刑事责任；提供明知其为虚假的证据，隐瞒重要事实或者威胁、利诱他人提供虚假证据，隐瞒重要事实等与律师的职业活动有关的各种责任。具体的责任内容在《刑法》中有具体规定。

三、律师的民事责任

律师的民事责任是指律师在执业活动中,因为故意或过失而违反有关法律、法规规定以及律师的执业纪律,损害了当事人合法权益,应承担的民事赔偿等责任。

律师从事业务活动,是基于律师事务所与当事人签订的委托代理合同,这种委托合同建立的是一种民事代理关系。按民法通则关于代理法律的规定,代理人因过错给当事人造成损失的,应当承担赔偿责任。因此,律师因过错给当事人造成损失的,律师所在的律师事务所应当承担赔偿责任。

(一)律师执业民事赔偿责任的义务主体

我国《律师法》第 54 条明确规定:"律师违法执业或者因过错给当事人造成损失的,由其所在的律师事务所承担赔偿责任。律师事务所赔偿后,可以向有故意或者重大过失行为的律师追偿。"这表明律师事务所是委托合同的一方当事人,是律师执业的民事赔偿责任的主体。律师违法执业或者有过错,使当事人受到损失,律师的违法执业或者过错和当事人的损失之间有因果关系,遭受损失的当事人可以向律师所在的律师事务所请求赔偿损失。

(二)律师民事责任的构成要件

律师民事责任是基于委托合同的责任,其责任构成要件也应与民事责任的构成要件相同。

1. 律师自身存在违法执业或存在过错

这里问题的关键是如何界定律师在执业行为中有无过错,一般认为,当一名律师在执行业务中的行为符合法律、职业纪律和职业道德,在特定条件下尽了所应尽的主要义务时,具备应具备的执业水准即可认为无过错。具体列举过错行为可以包括许多方面,如超越委托权限给当事人造成损失;遗失重要证据而导致无法举证或证据失效;应当收集的证据,由于律师的原因没有及时收集,而使证据湮灭;由于律师的原因,使当事人超过诉讼时效,等等。

2. 有客观存在的损害事实

与其他类型的民事责任相同,损害事实主要是指委托人在财产方面的损失,既可表现为现有财产的减损,也可表现为将要取得财产或利益的丧失。

3. 律师违法执业或其过错行为与当事人的损失之间存在直接的因果关系

当事人的损失,必须有充分证据证明该损失是由律师违法执业或由于律师的过错行为与客观损失之间具有内在的必然的因果关系,如果当事人的损失是出于自身原因或者其他与律师无关的主观或者客观因素造成,就不能构成律师执业的民事损害赔偿责任。

四、律师的行政责任

《律师法》第 4 条规定："司法行政部门依照本法对律师、律师事务所和律师协会进行监督、指导。"司法行政机关是律师工作的指导、监督机关，依法对律师和律师事务所进行指导和监督，对于有违反执业纪律行为的律师和律师事务所予以行政处罚。律师和律师事务所发生违法乱纪的执业行为受到行政处罚时，应有司法行政机关追究律师和律师事务所相应的行政法律责任。

司法行政机关对律师行政处罚的种类有：警告；罚款；没收违法所得；停止执业；吊销执业证书。如《律师法》第 47 条规定："律师有下列行为之一的，由设区的市级或者直辖市的区人民政府司法行政部门给予警告，可以处五千元以下的罚款；有违法所得的，没收违法所得；情节严重的，给予停止执业三个月以下的处罚：(1)同时在两个以上律师事务所执业的；(2)以不正当手段承揽业务的；(3)在同一案件中为双方当事人担任代理人，或者代理与本人及其近亲属有利益冲突的法律事务的；(4)从人民法院、人民检察院离任后二年内担任诉讼代理人或者辩护人的；(5)拒绝履行法律援助义务的。"

对律师事务所违法违纪处罚的种类有：责令改正；罚款；没收违法所得；停业整顿；吊销营业执照。如《律师法》第 50 条规定："律师事务所有下列行为之一的，由设区的市级或者直辖市的区人民政府司法行政部门视其情节给予警告、停业整顿一个月以上六个月以下的处罚，可以处十万元以下的罚款；有违法所得的，没收违法所得；情节特别严重的，由省、自治区、直辖市人民政府司法行政部门吊销律师事务所执业证书：(1)违反规定接受委托、收取费用的；(2)违反法定程序办理变更名称、负责人、章程、合伙协议、住所、合伙人等重大事项的；(3)从事法律服务以外的经营活动的；(4)以诋毁其他律师事务所、律师或者支付介绍费等不正当手段承揽业务的；(5)违反规定接受有利益冲突的案件的；(6)拒绝履行法律援助义务的；(7)向司法行政部门提供虚假材料或者有其他弄虚作假行为的；(8)对本所律师疏于管理，造成严重后果的。"

其他应受行政处罚的行为还有多种表现，在《律师法》第 48—56 条有详细规定。例如利用司法机关、行政机关或其他具有社会管理职能的团体的权力，对法律服务行业进行垄断的；接受委托后，无正当理由，拒绝辩护、代理或者不按时出庭参加诉讼、仲裁的；泄露当事人的商业秘密或者个人隐私的；私自接受委托，私自向委托人收取费用、收受委托人财物，利用提供法律服务的便利谋取当事人争议的权益，或者接受对方财物的；承办案件期间，非工作时间、非工作场合，会见承办案件的法官、检察官、仲裁员，向承办案件的法官、检察官、仲裁员以及其他有关人员请客送礼的；威胁、利诱证人，指使证人拒绝向对方当事人提供证据或者转移、隐匿、毁灭证据，以及其他方式为对方当事人合法取得证据制造障碍的；扰乱法庭、仲裁庭，干扰诉讼、仲裁活动正常进行的;违反规定,携带他人会见在押的犯罪嫌疑人、被告人,或为犯罪嫌疑人、被告人传递信件、物品的;为阻挠当事人解除委托关系,威胁、恐吓当事人或扣留当事人提供的证据材料的;不履行法律援助义务的;其他违反法律、法规、规章规定的行为等。

五、律师的会员纪律责任

律师协会负责对律师职业进行行业管理,律师协会制定执业规范来衡量律师执业行为是否符合行业的标准,当律师的执业行为违反了执业规范时,律师协会将代表全体会员对违规律师进行纪律处分。律师的违法执业同时也违反了执业规范,违法律师在承担法律责任的同时,也要承担纪律责任。因此《律师协会会员处分规则》所给予的纪律处分所针对的行为,在内容上多有和刑事责任、民事责任和行政责任重合之处,只是处罚方式不同而已。例如在《律师协会会员处分规则》第 11 条列举了 29 种应受处罚的行为,第 12 条列举了 23 种应受处罚的行为,其中包括向法官、检察官、仲裁员以及其他有关工作人员行贿或者指使、诱导当事人行贿的;提供虚假证据,隐瞒重要事实,或者威胁、利诱、唆使他人提供虚假证据,隐瞒重要事实的;同时在两个律师事务所以上执业的或同时在律师事务所和其他法律服务机构执业的;为争揽业务,向委托人作虚假承诺,或者宣称与承办案件的法官、检察官、仲裁员有特殊关系的;捏造、散布虚假事实,损害、诋毁其他律师事务所和律师声誉的等等。这些行为既是应承担纪律责任的行为,同时也是应承担刑事责任、民事责任或行政责任的行为。

与刑事责任、民事责任和行政责任不同的是,律师的会员纪律责任有其特有的承担责任的形式。《律师协会会员处分规则》第 9 条规定:“律师协会对会员违规行为作出的行业处分种类有:(一)训诫;(二)通报批评;(三)公开谴责;(四)取消会员资格。”

第四节　律师职业道德实施机制

律师职业道德实施机制

由于律师承担法律、纪律责任的形式不同,有关律师职业责任的追究程序和机构也不同。

(一)律师刑事责任的追究机构及其程序

律师违反法律,构成犯罪的,应当按照刑事诉讼法关于立案管辖范围分工的规定,由有管辖权的司法机关依照法定的程序立案、查处。从这个意义上讲,律师刑事责任的追究机构和程序并无特别之处。

(二)律师和律师事务所民事责任的处理方式及其程序

律师违法执业或者因过错给当事人造成损失的，由其所在的律师事务所承担赔偿责任。当事人可以选择追究律师民事责任的方式。包括：当事人与律师事务所协商处理；当事人与律师事务所请求有关机构调解；依照法律服务协议约定仲裁或违法执业事实、执业过错事实发生后双方达成的仲裁协议向仲裁机构申请仲裁；当事人按照民事诉讼法的规定，向法院提起民事诉讼。实际上这也与普通民事责任的追究程序是一致的。

(三)律师和律师事务所行政责任的追究机构及其程序

根据《律师法》的规定，行政责任的追究机构因责任类型的不同而有所不同。设区的市级或者直辖市的区人民政府司法行政部门可给予警告、罚款、没收违法所得、停止执业、停业整顿的处罚；而吊销其律师执业证书和吊销律师事务所执业证书的处罚则由省、自治区、直辖市人民政府司法行政部门进行。从程序上看，律师行政责任的追究程序与其他行政责任的追究程序并无重大差别。

(四)律师行业会员纪律责任的追究机构及其程序

中华全国律师协会及地方各级律师协会设立纪律委员会负责对律师纪律责任的追究。接到投诉人投诉后，律师协会纪律委员会要做出立案或不予立案的决定。对立案的投诉，应立即展开调查。调查终结，律师协会纪律委员会根据事实和行业规范做出处分决定。做出决定前，被处分律师、律师事务所有陈述、申辩的权利，对取消会员资格的处分，应事前告知当事人，当事人有要求举行听证的权利。

值得注意的是，行业协会对律师和律师事务所纪律责任的追究，从机构到程序都有较为完整的规定，尽管从性质上讲这种追究属于对纪律责任的追究，但是其中的机构和程序设计律师职业道德的运行机制还是有很大的启发意义的。

1. 处分的实施机构

《律师协会会员处分规则》第 20 条规定：“各省、自治区、直辖市律师协会及设区的市律师协会设立惩戒委员会，负责对违规会员进行处分。”第 21 条规定：“惩戒委员会的主任、副主任由同级律师协会常务理事会提名，经理事会决定产生，任期与理事会任期相同。惩戒委员会的委员由同级律师协会常务理事会采取选举、推选、决定等方式产生，任期与理事会任期相同。”《律师协会会员处分规则》还规定了复查机构和程序。第 52 条规定：“各省、自治区、直辖市律师协会应设立会员处分复查机构，负责受理复查申请和作出复查决定。”第 53 条规定：“复查机构应由业内和业外人士组成。业内人士包括：执业律师及司法行政人员；业外人士包括：法学界专家、教授；司法机关有关人员。”

从人员组成来看，惩戒委员会是一个由同行或内行组成的行业内组织，这对于准确把握行业纪律和行业道德是非常重要的。职业道德作为以职业特点为基础的道德准则，作用对象是职业群体成员，其运作必须由职业内的机构和人员来掌握，这是法律职业道德运行不同于法律运行的重要特点。

2. 案件处理程序

《律师协会会员处分规则》非常详细地规定了案件处理程序。其中第27—38条规定了投诉受理和立案的程序，第39—51条规定了投诉审理和决定的程序。由当事人投诉启动处理程序，惩戒委员会被动地居中裁判，被投诉人有到会陈述、申辩的权利；在惩戒委员会作出决定前，被投诉会员还有要求听证的权利；惩戒决定惩戒委员会应当集体作出决定，并正式制作决定书。

《律师协会会员处分规则》第57—65条规定了复查程序。其基本内容包括申请复查的时间、理由和形式，复查机构对复查申请的审查和处理，复查决定的作出，等等。

总结案件机构组成和处理的程序设计，我们发现在总体思路上采用了类司法的程序设计，即由业内人士依照纠纷裁决机制对争议和纠纷进行判断和决定。值得注意的有两个方面。一是裁决机构由业内人士组成，这有助于准确把握职业内特有的纪律和道德要求。特别是对于法律职业，其运作逻辑是依据“人为理性”，往往是职业外人士难以理解更不易把握的。如果由职业外人士裁决职业内的纠纷，其结果往往是以普通道德覆盖和替代职业道德，其负面影响不言而喻。二是采用类司法程序，这意味着没有把对会员的处分仅仅当作一种管理方式，而是将其当作一个专业性问题的确认，一种纠纷裁决，一种是非确定，一种行为标准的确认来处理，在程序上使裁决者居中裁决，让当事人有申辩机会，这符合职业道德准则的确立和运行规律。反过来说，如果不采用类司法形式，而是用类行政的自上而下的管理形式，那就意味着上级在道德上有某种优越，意味着上级在道德上总是比下级正确，这显然是不正确的。因此业内人士主持加上类司法的程序设计使得《律师协会会员处分规则》成为一个比较符合律师职业道德运行规律的运行机制，值得从职业道德层面给予关注。

附录1

中华人民共和国法官职业道德基本准则

最高人民法院2001年10月18日发布,2010年12月6日修订后重新发布

第一章 总 则

第一条 为加强法官职业道德建设,保证法官正确履行法律赋予的职责,根据《中华人民共和国法官法》和其他相关规定,制定本准则。

第二条 法官职业道德的核心是公正、廉洁、为民。基本要求是忠诚司法事业、保证司法公正、确保司法廉洁、坚持司法为民、维护司法形象。

第三条 法官应当自觉遵守法官职业道德,在本职工作和业外活动中严格要求自己,维护人民法院形象和司法公信力。

第二章 忠诚司法事业

第四条 牢固树立社会主义法治理念,忠于党、忠于国家、忠于人民、忠于法律,做中国特色社会主义事业建设者和捍卫者。

第五条 坚持和维护中国特色社会主义司法制度,认真贯彻落实依法治国基本方略,尊崇和信仰法律,模范遵守法律,严格执行法律,自觉维护法律的权威和尊严。

第六条 热爱司法事业,珍惜法官荣誉,坚持职业操守,恪守法官良知,牢固树立司法核心价值观,以维护社会公平正义为己任,认真履行法官职责。

第七条 维护国家利益,遵守政治纪律,保守国家秘密和审判工作秘密,不从事或参与有损国家利益和司法权威的活动,不发表有损国家利益和司法权威的言论。

第三章 保证司法公正

第八条 坚持和维护人民法院依法独立行使审判权的原则,客观公正审理案件,在审判活动中独立思考、自主判断,敢于坚持原则,不受任何行政机关、社会团体和个人的干涉,不受权势、人情等因素的影响。

第九条 坚持以事实为根据,以法律为准绳,努力查明案件事实,准确把握法律精

神，正确适用法律，合理行使裁量权，避免主观臆断、超越职权、滥用职权，确保案件裁判结果公平公正。

第十条　牢固树立程序意识，坚持实体公正与程序公正并重，严格按照法定程序执法办案，充分保障当事人和其他诉讼参与人的诉讼权利，避免执法办案中的随意行为。

第十一条　严格遵守法定办案时限，提高审判执行效率，及时化解纠纷，注重节约司法资源，杜绝玩忽职守、拖延办案等行为。

第十二条　认真贯彻司法公开原则，尊重人民群众的知情权，自觉接受法律监督和社会监督，同时避免司法审判受到外界的不当影响。

第十三条　自觉遵守司法回避制度，审理案件保持中立公正的立场，平等对待当事人和其他诉讼参与人，不偏袒或歧视任何一方当事人，不私自单独会见当事人及其代理人、辩护人。

第十四条　尊重其他法官对审判职权的依法行使，除履行工作职责或者通过正当程序外，不过问、不干预、不评论其他法官正在审理的案件。

第四章　确保司法廉洁

第十五条　树立正确的权力观、地位观、利益观，坚持自重、自省、自警、自励，坚守廉洁底线，依法正确行使审判权、执行权，杜绝以权谋私、贪赃枉法行为。

第十六条　严格遵守廉洁司法规定，不接受案件当事人及相关人员的请客送礼，不利用职务便利或者法官身份谋取不正当利益，不违反规定与当事人或者其他诉讼参与人进行不正当交往，不在执法办案中徇私舞弊。

第十七条　不从事或者参与营利性的经营活动，不在企业及其他营利性组织中兼任法律顾问等职务，不就未决案件或者再审案件给当事人及其他诉讼参与人提供咨询意见。

第十八条　妥善处理个人和家庭事务，不利用法官身份寻求特殊利益。按规定如实报告个人有关事项，教育督促家庭成员不利用法官的职权、地位谋取不正当利益。

第五章　坚持司法为民

第十九条　牢固树立以人为本、司法为民的理念，强化群众观念，重视群众诉求，关注群众感受，自觉维护人民群众的合法权益。

第二十条　注重发挥司法的能动作用，积极寻求有利于案结事了的纠纷解决办法，努力实现法律效果与社会效果的统一。

第二十一条　认真执行司法便民规定，努力为当事人和其他诉讼参与人提供必要的诉讼便利，尽可能降低其诉讼成本。

第二十二条　尊重当事人和其他诉讼参与人的人格尊严，避免盛气凌人、“冷硬横推”等不良作风；尊重律师，依法保障律师参与诉讼活动的权利。

第六章 维护司法形象

第二十三条 坚持学习，精研业务，忠于职守，秉公办案，惩恶扬善，弘扬正义，保持昂扬的精神状态和良好的职业操守。

第二十四条 坚持文明司法，遵守司法礼仪，在履行职责过程中行为规范、着装得体、语言文明、态度平和，保持良好的职业修养和司法作风。

第二十五条 加强自身修养，培育高尚道德操守和健康生活情趣，杜绝与法官职业形象不相称、与法官职业道德相违背的不良嗜好和行为，遵守社会公德和家庭美德，维护良好的个人声誉。

第二十六条 法官退休后应当遵守国家相关规定，不利用自己的原有身份和便利条件过问、干预执法办案，避免因个人不当言行对法官职业形象造成不良影响。

第七章 附 则

第二十七条 人民陪审员依法履行审判职责期间，应当遵守本准则。人民法院其他工作人员参照执行本准则。

第二十八条 各级人民法院负责督促实施本准则，对于违反本准则的行为，视情节后果予以诫勉谈话、批评通报；情节严重构成违纪违法的，依照相关纪律和法律规定予以严肃处理。

第二十九条 本准则由最高人民法院负责解释。

第三十条 本准则自发布之日起施行。最高人民法院2001年10月18日发布的《中华人民共和国法官职业道德基本准则》同时废止。

附录 2

中华人民共和国检察官职业道德基本准则(试行)

2009 年 9 月 3 日最高人民检察院第十一届检察委员会第十八次会议通过

第一章　总　则

第一条　为加强检察官职业道德建设,正确履行宪法法律赋予的职责,根据《中华人民共和国检察官法》制定本准则。

第二条　检察官职业道德的基本要求是忠诚、公正、清廉、文明。

第三条　检察官应当高举中国特色社会主义伟大旗帜,深入贯彻落实科学发展观,坚持党的事业至上、人民利益至上、宪法法律至上,在履行职责、行使检察权的各个方面和职务外活动中恪守职业道德要求。

第四条　对模范践行检察官职业道德,品德高尚,业绩突出的,予以表彰奖励;对违反职业道德的行为,予以批评谴责,构成违法违纪的,依照法律和检察人员纪律规定予以惩戒。

第二章　忠　诚

第五条　忠于党、忠于国家、忠于人民、忠于宪法和法律,牢固树立依法治国、执法为民、公平正义、服务大局、党的领导的社会主义法治理念,做中国特色社会主义事业的建设者、捍卫者和社会公平正义的守护者。

第六条　尊崇宪法和法律,严格执行宪法和法律的规定,自觉维护宪法和法律的统一、尊严和权威。

第七条　坚持立检为公、执法为民的宗旨,维护最广大人民的根本利益,保障民生,服务群众,亲民、为民、利民、便民。

第八条　热爱人民检察事业,珍惜检察官荣誉,忠实履行法律监督职责,自觉接受监督制约,维护检察机关的形象和检察权的公信力。

第九条　坚持“强化法律监督,维护公平正义”的检察工作主题,坚持检察工作政治性、人民性、法律性的统一，努力实现执法办案法律效果、社会效果和政治效果的有机统一。

第十条　维护国家安全、荣誉和利益，维护国家统一和民族团结，严守国家秘密和检察工作秘密。

第十一条　保持高度的政治警觉，严守政治纪律，不参加危害国家安全、带有封建迷信、邪教性质等非法组织及其活动。

第十二条　初任检察官、检察官晋升，应当进行宣誓，牢记誓词，弘扬职业精神，践行从业誓言。

第十三条　勤勉敬业，尽心竭力，不因个人事务及其他非公事由而影响职责的正常履行。

第三章　公　正

第十四条　树立忠于职守、秉公办案的观念，坚守惩恶扬善、伸张正义的良知，保持客观公正、维护人权的立场，养成正直善良、谦抑平和的品格，培育刚正不阿、严谨细致的作风。

第十五条　依法履行检察职责，不受行政机关、社会团体和个人的干涉，敢于监督，善于监督，不为金钱所诱惑，不为人情所动摇，不为权势所屈服。

第十六条　自觉遵守法定回避制度，对法定回避事由以外可能引起公众对办案公正产生合理怀疑的，应当主动请求回避。

第十七条　以事实为根据，以法律为准绳，不偏不倚，不滥用职权和漠视法律，正确行使检察裁量权。

第十八条　树立证据意识，依法客观全面地收集、审查证据，不伪造、隐瞒、毁损证据，不先入为主、主观臆断，严格把好事实关、证据关。

第十九条　树立程序意识，坚持程序公正与实体公正并重，严格遵循法定程序，维护程序正义。

第二十条　树立人权保护意识，尊重诉讼当事人、参与人及其他有关人员的人格，保障和维护其合法权益。

第二十一条　尊重律师的职业尊严，支持律师履行法定职责，依法保障和维护律师参与诉讼活动的权利。

第二十二条　出席法庭审理活动，应当尊重庭审法官，遵守法庭规则，维护法庭审判的严肃性和权威性。

第二十三条　严格遵守检察纪律，不违反规定过问、干预其他检察官、其他人民检察院或者其他司法机关正在办理的案件，不私自探询其他检察官、其他人民检察院或者其他司法机关正在办理的案件情况和有关信息，不泄露案件的办理情况及案件承办人的有关信息，不违反规定会见案件当事人、诉讼代理人、辩护人及其他与案件有利害关系的人员。

第二十四条 努力提高案件质量和办案水平，严守法定办案时限，提高办案效率，节约司法资源。

第二十五条 严格执行检察人员执法过错责任追究制度，对于执法过错行为，要实事求是，敢于及时纠正，勇于承担责任。

第四章 清 廉

第二十六条 以社会主义核心价值观为根本的职业价值取向，遵纪守法，严格自律，并教育近亲属或者其他关系密切的人员模范执行有关廉政规定，秉持清正廉洁的情操。

第二十七条 不以权谋私，以案谋利，借办案插手经济纠纷。

第二十八条 不利用职务便利或者检察官的身份、声誉及影响，为自己、家人或者他人谋取不正当利益；不从事、参与经商办企业、违法违规营利活动，以及其他可能有损检察官廉洁形象的商业、经营活动；不参加营利性或者可能借检察官影响力营利的社团组织。

第二十九条 不收受案件当事人及其亲友、案件利害关系人或者单位及其所委托的人以任何名义馈赠的礼品礼金、有价证券、购物凭证以及干股等；不参加其安排的宴请、娱乐休闲、旅游度假等可能影响公正办案的活动；不接受其提供的各种费用报销，出借的钱款、交通通讯工具、贵重物品及其他利益。

第三十条 不兼任律师、法律顾问等职务，不私下为所办案件的当事人介绍辩护人或者诉讼代理人。

第三十一条 在职务外活动中，不披露或者使用未公开的检察工作信息，以及在履职过程中获得的商业秘密、个人隐私等非公开的信息。

第三十二条 妥善处理个人事务，按照有关规定报告个人有关事项，如实申报收入；保持与合法收入、财产相当的生活水平和健康的生活情趣。

第三十三条 退休检察官应当继续保持良好操守，不再延用原检察官身份、职务，不利用原地位、身份形成的影响和便利条件，过问、干预执法办案活动，为承揽律师业务或者其他请托事宜打招呼、行便利，避免因不当言行给检察机关带来不良影响。

第五章 文 明

第三十四条 注重学习，精研法律，精通检察业务，培养良好的政治素质、业务素质和文化素养，增强法律监督能力和做群众工作的本领。

第三十五条 坚持打击与保护并重、惩罚与教育并重、惩治与预防并重，宽严相济，以人为本。

第三十六条 弘扬人文精神，体现人文关怀。做到执法理念文明，执法行为文明，执法作风文明,执法语言文明。

第三十七条 遵守各项检察礼仪规范,注重职业礼仪约束,仪表庄重、举止大方、态度公允、用语文明,保持良好的职业操守和风范,维护检察官的良好形象。

第三十八条 执行公务、参加政务活动时,按照检察人员着装规定穿着检察制服,佩戴检察标识徽章,严格守时,遵守活动纪律。

第三十九条 在公共场合及新闻媒体上,不发表有损法律严肃性、权威性,有损检察机关形象的言论。未经批准,不对正在办理的案件发表个人意见或者进行评论。

第四十条 热爱集体,团结协作,相互支持、相互配合、相互监督,力戒独断专行,共同营造健康、有序、和谐的工作环境。

第四十一条 明礼诚信,在社会交往中尊重、理解、关心他人,讲诚实、守信用、践承诺,树立良好社会形象。

第四十二条 牢固树立社会主义荣辱观,恪守社会公德、家庭美德,慎独慎微,行为检点,培养高尚的道德操守。

第四十三条 不穿着检察正装、佩戴检察标识到营业性娱乐场所进行娱乐、休闲活动或者在公共场所饮酒,不参与赌博、色情、封建迷信活动。

第四十四条 不耍特权、逞威风、蛮横无理。本人或者亲属与他人发生矛盾、冲突,应当通过正当合法的途径解决,不应以检察官身份寻求特殊照顾,不要恶化事态酿成事端。

第四十五条 在职务外活动中应当约束言行,避免公众对检察官公正执法和清正廉洁产生合理怀疑,避免对履行职责产生负面作用,避免对检察机关的公信力产生不良影响。

第六章 附 则

第四十六条 人民检察院的其他工作人员参照执行本准则。

第四十七条 本准则由最高人民检察院负责解释。

第四十八条 本准则自发布之日起施行。

附录 3

律师职业道德和执业纪律规范

中华全国律师协会 2001 年 11 月 26 日修订

第一章 总 则

第一条 为维护律师的职业声誉,全面提高律师队伍的道德水准,规范律师的执业行为,保障律师切实履行对社会和公众所承担的使命和责任,依据《中华人民共和国律师法》,制定本规范。

第二条 律师在执业活动中应当遵守本规范。

第三条 律师执业应当接受司法行政机关、律师协会和社会公众的监督。

第二章 律师职业道德基本准则

第四条 律师应当忠于宪法和法律,坚持以事实为根据,以法律为准绳,严格依法执业。

律师应当忠于职守,坚持原则,维护国家法律与社会正义。

第五条 律师应当诚实守信,勤勉尽责,尽职尽责地维护委托人的合法利益。

第六条 律师应当敬业勤业,努力钻研业务,掌握执业所应具备的法律知识和服务技能,不断提高执业水平。

第七条 律师应当珍视和维护律师职业声誉,模范遵守社会公德,注重陶冶品行和职业道德修养。

第八条 律师应当严守国家机密,保守委托人的商业秘密及委托人的隐私。

第九条 律师应当尊重同行,同业互助,公平竞争,共同提高执业水平。

第十条 律师应当自觉履行法律援助义务,为受援人提供法律帮助。

第十一条 律师应当遵守律师协会章程,切实履行会员义务。

第十二条 律师应当积极参加社会公益活动。

第三章　律师在执业机构中的纪律

第十三条　律师事务所是律师的执业机构，律师的执业活动必须接受律师事务所的监督和管理。

第十四条　律师不得同时在两个或两个以上律师事务所执业。

同时在一个律师事务所和一个法律服务所执业的视同在两个律师事务所执业。

第十五条　律师不得以个人名义私自接受委托，不得私自收取费用。

第十六条　律师不得违反律师事务所收费制度和财务纪律，挪用、私分、侵占业务收费。

第十七条　律师因执业过错给律师事务所造成损失的，应当承担相应责任。

第四章　律师在诉讼、仲裁活动中的纪律

第十八条　律师应当遵守法庭和仲裁庭纪律，尊重法官、仲裁员，按时提交法律文件、按时出庭。

第十九条　律师出庭时按规定着装，举止文明礼貌，不得使用侮辱、谩骂或诽谤性语言。

第二十条　律师不得以影响案件的审理和裁决为目的，与本案审判人员、检察人员、仲裁员在非办公场所接触，不得向上述人员馈赠钱物，也不得以许诺、回报或提供其他便利等方式与承办案件的执法人员进行交易。

第二十一条　律师不得向委托人宣传自己与有管辖权的执法人员及有关人员有亲朋关系，不能利用这种关系招揽业务。

第二十二条　律师应依法取证，不得伪造证据，不得怂恿委托人伪造证据、提供虚假证词，不得暗示、诱导、威胁他人提供虚假证据。

第二十三条　律师不得与犯罪嫌疑人、被告人的亲属或者其他人会见在押犯罪嫌疑人、被告人，或者借职务之便违反规定为被告人传递信件、钱物或与案情有关的信息。

第五章　律师与委托人、对方当事人的纪律

第二十四条　律师应当充分运用自己的专业知识和技能，尽心尽职地根据法律的规定完成委托事项，最大限度地维护委托人的合法利益。

第二十五条　律师不应接受自己不能办理的法律事务。

第二十六条　律师应当遵循诚实守信的原则，客观地告知委托人所委托事项可能出现的法律风险，不得故意对可能出现的风险做不恰当的表述或做虚假承诺。

第二十七条　为维护委托人的合法权益，律师有权根据法律的要求和道德的标准，选择完成或实现委托目的的方法。

对委托人拟委托的事项或者要求属于法律或律师执业规范所禁止的，律师应告知委托人，并提出修改建议或予以拒绝。

第二十八条　律师不得在同一案件中为双方当事人担任代理人。

同一律师事务所不得代理诉讼案件的双方当事人，偏远地区只有一律师事务所的除外。

第二十九条　律师应当合理开支办案费用，注意节约。

第三十条　律师应当严格按照法律规定的期限、时效以及与委托人约定的时间，及时办理委托的事务。

第三十一条　律师应及时告知委托人有关代理工作的情况，对委托人了解委托事项情况的正当要求，应当尽快给予答复。

第三十二条　律师应当在委托授权范围内从事代理活动，如需特别授权，应当事先取得委托人的书面确认。

律师不得超越委托人委托的代理权限，不得利用委托关系从事与委托代理的法律事务无关的活动。

第三十三条　律师接受委托后无正当理由不得拒绝为委托人代理。

第三十四条　律师接受委托后未经委托人同意，不得擅自转委托他人代理。

第三十五条　律师应当谨慎保管委托人提供的证据和其他法律文件，保证其不丢失或毁损。

律师不得挪用或者侵占代委托人保管的财物。

第三十六条　律师不得从对方当事人处接受利益或向其要求或约定利益。

第三十七条　律师不得与对方当事人或第三人恶意串通，侵害委托人的权益。

第三十八条　律师不得非法阻止和干预对方当事人及其代理人进行的活动。

第三十九条　律师对与委托事项有关的保密信息，委托代理关系结束后仍有保密义务。

第四十条　律师应当恪守独立履行职责的原则，不因迎合委托人或满足委托人的不当要求，丧失客观、公正的立场，不得协助委托人实施非法的或具有欺诈性的行为。

第六章　律师与同行之间的纪律

第四十一条　律师应当遵守行业竞争规范，公平竞争，自觉维护执业秩序，维护律师行业的荣誉和社会形象。

第四十二条　律师应当尊重同行，相互学习，相互帮助，共同提高执业水平，不应诋毁、损害其他律师的威信和声誉。

第四十三条　律师、律师事务所可以通过以下方式介绍自己的业务领域和专业特长：

1. 可以通过文字作品、研讨会、简介等方式以普及法律，宣传自己的专业领域，推荐自己的专业特长；

2.提倡、鼓励律师、律师事务所参加社会公益活动。

第四十四条　律师不得以下列方式进行不正当竞争：

1.不得以贬低同行的专业能力和水平等方式，招揽业务；

2.不得以提供或承诺提供回扣等方式承揽业务；

3.不得利用新闻媒介或其他手段向其提供虚假信息或夸大自己的专业能力；

4.不得在名片上印有各种学术、学历、非律师业职称、社会职务以及所获荣誉等；

5.不得以明显低于同业的收费水平竞争某项法律事务。

第七章　附　则

第四十五条　对于违反本规范的律师、律师事务所，由律师协会依照会员处分办法给予处分，情节严重的，由司法行政机关予以处罚。

第四十六条　实习律师、律师助理参照本规范执行。

第四十七条　本规范由中华全国律师协会负责解释。

第四十八条　各地可以根据本准则制订实施细则。

第四十九条　本规范自发布之日起实施。